KB236171

한국학과 우랄·알타이학 6
관련자료·연구총서

# 蒙·漢·滿文 三合 (하)

박 상 규

## 책을 쓰면서

"항상 희생을 미덕이라고 생각할 수밖에 없었던 한 女人의 기구한 꽃망울을 생각하면서 이 저서를 시작했지만 이젠 사립문 밖 저 세상에서 미소만 보내오는구나 人生에 첫 女人으로 만나 가고 오는 것이 다 인연인데 무엇을 탓하고 미련에 머물겠는가 다 순간의 바람인 것을 바람개비 소리인 것을"

2008. 헛바람 무덤에서

# 발간사

오늘 해방 62주년 광복절을 맞아 본 출판사에서 <한국학과 우랄 · 알타이학>(관련자료 · 연구총서)을 24책이나 간행하게 되니 무척이나 감회가 새롭다. 民昌文化史에서 거의 15년 전(1993)에도 박상규 교수의 <알타이 언어 민속학 총서 1집> 15책을 이미 간행한 바 있었다. 물론 그 당시 있어서도 전체적인 내용은 알타이 전반에 걸친 자료 및 알타이어족의 부분적인 언어와 더불어서 민속학적인 측면에서 일부는 자료 그리고 기타 민속적인 여러 행위들을 필자 나름으로 서술한 바 있었다. 아마도 그러한 작업들은 해방 이후 처음 시도되었던 것으로 학계에서는 진단한 바 있었다. 그런데 또다시 박 교수가 이번에는 본 출판사를 통해서 <한국학과 우랄 · 알타이학>(관련자료 · 연구총서)을 24책이나 방대한 분량으로 관련 자료와 더불어 연구 총서 전집을 내놓게 된 것은 박 교수 자신의 업적과 경사일 뿐만 아니라 우리 한국학계의 눈부신 북방학에 대한 관심의 일원으로 볼 수도 있다. 이러한 방대한 작업을 한 박 교수의 노고에 본 출판사는 심심한 사의를 표하는 바이다.

생각해보면 오늘 이 광복절에 감회가 깊은 것은 과거 우리 조상은 비록 한 때지만 중국 대륙의 수나라 대군을 을지문덕 장군께서 살수대첩에서 크게 전승한 바 있었으며 또한 안시성의 양만춘 장군께서는 수많은 당나라 대군을 격퇴한 바 있었다. 그리고 광개토대왕과 장수왕은 우리 역사상 가장 거대한 영토를 우리 후손들에게 물려주었던 영웅들이다. 또한 백제 역시 왕인과 아직기를 비롯하여 많은 백제 유민들은 일본에다 우리의 찬란한 문화를 꽃 피웠던 것도 사실이다. 이토록 우리 선인들의 강렬하고 대륙적이며 용맹스런 기상들은 지금 다 어디에서 찾을 수 있을까? 이제 우리 학계는 위와 같은 사실에 주목하여 과거 융성했던 그 시절로 다시 돌아가 그들의 문화를 연구하고 고찰하고 그리하여 어떠한 새로운 인식의 전환점을 맞을 계기가 되어야 한다고 본다. 이러한 사실들을 종합해 볼 때에 학문적인 측면에서는 <거시적 한국학> 또는 <광의의 한국학>이 이 땅에 뿌리를 내려야 한다고 본다. 말하자면 오늘날 알타이어족을 포용하는 한국학으로 변모되어야 한다는 것이다. 그래야 과거 북방민족의 기질을 다시 재조명할 수 있지 않겠는가? 어느 민족이나 자기 민족의 우월성 내지 神의 선택성을 표방하고 있다. 그래서 대다수의 민족에게는 이와 상응하는 신화 등이 오늘날 전승되고 있지 않은가? 이런 측면에서 본다면 우리의 신화인 곰과 호랑이의 상징은 어느 측면에서 볼 때에 북방민족과 농경민족과의 결합 또는 북방민족의 농경민족화라고 추론을 내릴 수 있을 것이다. 이제 새삼 그 옛날 대륙적이고 기마적이며 유목적인 생활로 돌아가자는 것은 결코 아니다. 이러한 사실들을 통해서 우리가 주장하고자 하는 바는 현재 우리 사회가 안고 있는 여러 가지 병폐적인 생각과 행동을 없애는 방법은 법과 통치로서만 가능한 것이 아니다. 과거 우리 조상들이 가졌던 참신한 기상을 새롭게 인식한다면 새천년을 맞아 새로운 민족사를 바꾸는 데 위와 같은 사실들이 크게 기여할 것이라고 본 출판사는 생각하는 바이다. 이러한 본 출판사의 기획과 의도에 부합되게 금번 경원대학교에 재직 중인 박상규 교수가 <거시적인 한국학> <포괄적인 한국학> <광의의 한국학>이라는 간판을 내걸고서 저 끝없는 우랄·알타이 영역까지 포용하여 여기에 관한 기초적인 자료와 연구서를 내놓게 된 것은 한 개인의 성과일 뿐만 아니라 본 출판사의 업적이기도 하다. 그리고 본 자료와 연구 저서에는 알타이어족에 해당되는 KOREA, MANCHURIA, MONGOLIA, INNER MONGOLIA, YAKUT, TURKEY PEOPLE, KAZAK, CHUKCHEE, AFGHANISTAN 그리고 우랄의 가장 대표적 어족인 SAMOYED, LAPP 그리고 아주 상고대로 거슬러 올라갔을 때에 아마도 IBAN, CUNA, INCA, IROQUOIS, KLAMATH, ONA, PAPAGO, POMO, PONCA, TLINGIT, SERI, MAORI, ZUNI 이러한 어족 등도 전혀 알타이와 우랄어족에 무관하지 않을 것이라고 필자와 더불어 본 출판사에서도 그렇게 인식하는 바이다. 사실 한국학이란 고구려·백제·신라·가야·고려·조선만을 포용해서는 안 될 것이다. 우리가 새 천년을 맞이한 이 시점에서 세계화를 받아들이기 전에 우리 스스로가 세계화 속에서 중추적인 위치를 차지해야 한다는 것이다. 그러기 위해서는 적어도 앞에 나열하였던 이러한 어족들의 문화 등을 개별 종합적으로 연구, 분석, 검토하여 한국학의 기반을 다져야 할 것이다. 바로 그것이

전제된 세계화는 한국을 세계적인 문화의 강대국으로 향상 발전시킬 것이며 그렇지 못할 경우는 우리가 세계화의 주역은커녕 그들의 뒤꽁무니에서 늘 헤매다가 지쳐 쓰러질 것이다. 말하자면 우리는 우리 스스로 세계문화의 주체자로서 한국학을 연구하여야지 추종자로서 한국학을 연구해서는 안 될 것이다. 이러한 종합적인 결과로써 본 출판사와 박 교수가 손을 잡고 방대한 자료와 연구저서를 이번에 선보이게 된 것이다. 이제 우리도 저 넓은 시베리아의 북쪽 대륙에 눈을 돌려야 할 것이며 그러기 위해서는 가장 기초가 되는 작업을 하나하나 차근차근 쌓는 기분으로 연구를 진행해야 한다. 본 출판사가 이번에 <거시적인 한국학> 정립에 보다 박차를 가하는 작업의 일환으로 <학국학과 우랄·알타이학>(관련자료·연구총서) 24책을 내놓게 되니 우리 학계의 경사라 아니할 수 없다. 부탁하건대 박상규 교수는 본 출판사에서 24권의 자료와 연구 저서를 내놓은 셈인데 앞으로는 보다 세부적인 계획을 수립하여 개별적인 연구가 이루어지길 빈다. 끝으로 이러한 방대한 작업을 본 출판사를 통해서 선보여 주신 박 교수에게 고마움을 이 글로 대신하며 국내·외 많은 학자들의 조언과 충고를 본 출판사는 바라는 바이다.

2007년 8월 15일

본 출판사 임직원 일동 드림

# 序文 〈自序〉

<한국학과 우랄·알타이학>(관련자료·연구총서·24책)이 출간될 쯤에는 필자가 이 분야에 입문한 지 35년이 되는 해이다. 스물여섯부터 이 분야에 들어와 해매인지 언 35년… 이제는 검은 머리에서 흰 머리로 내 자신도 변화하였다. 그러나 모양이 변한 만큼 학문은 아직도 초보의 미천을 겨우 벗어난 것이 현 실정이다. 그동안 필자는 그 무덥고 추웠던 방학 때마다 좁은 공간 연구실과 빈 강의실 한 칸을 얻어 모아놓은 자료들을 맞추고 더하고 빼고 그리고 일부를 수정하였다. 또한 부분적이기는 하나 일부는 번역하고 또한 전체에 대한 줄거리를 매기고 연결하여 이번에 <한국학과 우랄·알타이학>이라는 제목으로 24책을 세상에 내놓게 되었다. 비록 자료와 부분적인 연구 총서집이지만 필자 나름으로 20년의 각고의 세월을 보낸 것만은 사실이다. 사실 한국학을 연구한다고 하는 것은 그리 용이한 일은 결코 아니다. 그리고 한국학을 제대로 수립하기란 그렇게도 어렵고 방대한 작업이라고 하는 것을 필자가 이 분야에 입문해서 30년이 지난 요즘에서야 겨우 알게 된 셈이다. 그러고 보면 처음은 한국학이 고구려·백제·신라·가야·고려·조선을 연결하는 작업인 줄만 알았다. 그래서 필자는 고구려어·백제어·신라어 그리고 계림유사를 통한 고려어 또한 훈민정음 및 용비어천가를 통한 중세국어 그리고 현대국어를 섭렵하는 길이 한국어 형성사 및 국어사를 정립하는 것으로 알았다. 또한 한국의 세시풍속이나 지금까지 일반적으로 전해 내려온

한국의 신화・전설・민담 등 민속학 개론에서 볼 수 있는 분야를 아는 것만이 전부인 줄 알았다. 그런데 한국학을 깊이 연구하다 보니 많은 부분에서 엉켜지고 섞여지고 혼합되어 빠져 들면 빠져 들수록 우리 한국의 문화적 원류를 찾아내는 데 어려움을 실질적으로 느끼게 되었다. 그래서 어쩔 수 없이 얽히고 설킨 실타래를 풀자니 주변의 여러 언어들 및 문화의 현상을 알아야 한다는 절박한 상황에 필자는 봉착하게 되었던 것이다. 그래서 처음부터 다시 제자리에서 시작하였다. 바로 그 시작은 우랄・알타이학과 그에 관련된 여러 문화에 대하여 알아야 한다는 사실이었다. 그래서 필자는 우랄・알타이학과 여기에 관련된 문헌인 인류학, 고고학, 역사학, 민속학, 언어학 등을 모으기 시작하였다. 그리고 이 엄청나고 방대한 자료를 일관된 맥을 통해서 연결시키는 작업이 시작되었던 것이다. 바로 이러한 작업의 일환으로 필자는 15년 전에 '민창문화사'를 통해서 <알타이언어 민속학 총서> 15책, 그리고 23년 전에는 '아세아 문화사'를 통해서 <우랄・알타이 인문총서> 10책을 세상에 내놓게 되었다. 그리고 이번에는 '한국학과 우랄・알타이학' 그리고 아마도 고대의 어느 시점에서는 부분적이나마 한국학과 우랄・알타이학과 관련되었을 것이라고 추정할 수 있는 여러 부족 중에서 필자는 앞으로의 韓國學의 硏究는 다음과 같은 어족인 IBAN, CUNA, INCA, IROQUOIS, KLAMATH, ONA, PAPAGO, POMO, PONCA, TLINGIT, SERI, MAORI, ZUNI를 여기에 포함

시켜야 한다고 생각된다. 물론 현상적으로는 이러한 IBAN, CUNA, INCA, IROQUOIS, KLAMATH, ONA, PAPAGO, POMO, PONCA, TLINGIT, SERI, MAORI, ZUNI 부족들이 한국학과 우랄·알타이학에 얼마만큼 관련되었는지는 모르지만 아마도 보편적으로 이야기할 수 있는 Inca 문명이나 Tlingit와 같은 아메리칸 인디언 문명들이 대륙 북방적인 문화와 전혀 무관하지만은 않을 것이다.

돌이켜 보면 필자가 이 분야에 들어섰을 때에는 어디서부터 시작해야 하고 어떻게 해야 할지 몸도 마음도 설어서 마음만 급했지 전혀 학문적인 진척은 없었다. 지금도 이러한 현상은 늘 반복되지만 아마도 나뿐만 아니라 우리 학계 현실도 이러한 실정일 것이다. 그러면서도 필자는 거시적인 한국학, 광의의 한국학을 이 땅에 정립하고자 많은 시행착오 속에서 오늘에 이르게 된 셈이다. 우리는 이 거시적인 한국학을 앞세워 우리의 민족의 기질도 대륙적이며 기마적이고 거시적으로 변모해야만 새천년 세계의 주역이 될 것으로 필자는 굳게 믿는 바이다. 민족의 기상이 드높지 못하다면 여기에 수반된 민족과 갈 길도 좁고 짧고 옅은 길을 가게 될 것이 뻔한 이치이다. 그러나 거시적인 한국학을 이 땅에 뿌리 내리게 하는 것은 결코 용이한 일이 아니다. 그리고 또한 한 사람의 힘만으로 되는 것도 아니다. 다만 필자는 거시적인 한국학을 위하여 가장 기초가 되고 뿌리가 되는 자료와 일반적인 개념을 도출하는 데만 35년의 세월을 보냈다. 이 길이 이토록 어렵고 고통스럽고 바보스러운 외길일 줄 처음부터 꿈엔들 알았으랴. 사실 한국학과 우랄・알타이학 그리고 여기에 관련되어졌다고 보이는 고대 여러 종족의 언어와 민속을 동시에 연구한다고 하는 것은 한 개인의 문제는 결코 아니다. 아마도 국가적인 차원에서 이 문제를 보다 적극적으로 검토하고 분석하여 민족사를 정립하는 데 앞장서야 할 것이다. 그럼에도 불구하고 해방된 지 半世紀가 되었지만 어느 누구 하나 거시적인 한국학을 표면으로 내세워 방대한 자료 수집과 연구를 해놓은 학자는 없었다. 그리고 어느 의미에서는 지금도 할 생각이 한국 학계에서는 어떤 의미에서는 거의 없는 것처럼 보이고 있다. 필자가 97년도 중국의 俗文學會, 북경대학 한국문화 연구중심, 북경대학 사회과학처(북경대학 白化文 교수, 王文寶 교수)와 그리고 楊通方(북경대학 한국학 연구중심 주임) 교수 초청을 받아 북경대학에서 '한・중의 巫俗考'를 한국인으로서 처음 발표하였다. 그리고 이 발표기간 동안 북경대학의 도서관부관장 高倬賢 교수와 도서관 사서주임인 李仙竹 선생의 초청을 받고 북경대학 도서관 전체 서고를 관람할 기회가 있었다. 약 1000만 권의 장서 속에서 필자가 느낀 것은 중국의 위대한 유산의 산물인 것이다. 그리고 필자는 98년 북경대학 개교 100주년(북경대학 한국학 연구중심 주임 楊通方 교수 초청) 국제 학술 심포지엄에 또다시 초청을 받은 바 있었다. 이때 <대청황제 숭덕비문의 어

학적 연구>를 제목으로 발표한 바 있었는데, 이때 필자의 토론자로는 趙杰(북경대학 교수) 박사였다. 과거 김일성종합대학의 출신이었으며 전 북경 민족대학 교수(조선 언어문화계, 중국 조선 언어학회 부이사장)이며 북경대학 한국학 연구위원인 徐永燮 교수와도 북방 유목 기마 민족에 대한 종합토론을 한 바 있었다. 결국 여기에서도 느낀 것은 중국 북경대학에서는 중국의 거대한 문화유산을 연구할 뿐만 아니라 유목민족의 우랄·알타이어족에 대한 전반적인 연구도 부분적으로 이루어지고 있었다는 사실이다. 그런데 막상 우리가 기마 유목민족이라고 자랑하고 고구려의 기상이 드높고 장대하다고 말들은 하면서도 실질적, 현상적으로 연구 성과는 거의 없는 상태이며 만약 더러 있다고 한다면 발해지역을 겨우 답사할 정도에 머무르고 있는 것이 우리 학계의 현실정이라고 하여도 과언이 아닐 것이다(1990년을 기준으로 한다면 그렇다).

필자는 여러 사실을 생각해 보면 새천년의 과제 중의 가장 막중하다고 생각되는 것은 우리 민족사를 거시적인 측면에서 보아야 한다는 사실이며, 이러한 사실 속에서 전체적인 윤곽을 잡는 데 심혈을 기울여야 할 뿐만 아니라 개별적인 연구도 병행되어야 한다는 사실이다. 그러자면 이 방대한 거시적인 한국학을 위하여 한국학과 관련될 수 있는 모든 자료들을 방대하게 먼저 집대성하는 작업이 선행되어야 한다. 필자 생각으로는 현재의 한국학 그리고 우랄·알타이학을 연구하기 위해서 여기에 상응하는 고대 유목민족과 관련된 원시 여러 종족들의 인류학, 고고학, 민속학, 언어학 연구도 가급적 동시에 포함되어야 할 것이다. 이러한 계획의 일환으로 먼저 자료 연구 총서 24책을 역락출판사를 통해서 내놓게 된 셈이다. 이 자료를 20여 년 동안 모으는 데 있어서 서울대학교 도서관에 계셨던 이황산, 김영애 그리고 조주임 선생님의 고마움을 잊을 수 없어 이 책을 통해서 감사의 마음을 전하며 그리고 하버드대학 연경연구소, 모스크대학 도서, 북경대학 및 북경민족대학의 도서, 몽골 국립대학에서 얻은 자료 및 그 밖의 세계 우수한 대학 도서관에서 자료를 복사할 수 있었던 행운은 필자가 이 방대한 자료를 내놓게 된 결정적인 동기였다고 할 수 있을 것이다. 또한 오늘날 학술서적의 부진한 상황 속에서도 이러한 연구총서 24책을 세상에 선보이게 해주신 역락출판사 이대현 사장과 본 출판사 편집부 직원에게도 고마움을 표하는 바이다. 또한 평소부터 필자가 이 방면에 많은 공부를 하도록 권하여 주신 마음의 스승이며 학계의 스승이신 임동권, 황패강, 김청하 님의 후의에 늘 고마움을 표하고 지금은 고인이 되신 故 원계 김동석(경원대학교 설립자) 박사님의 살아 생전의 따뜻한 격려의 말씀도 늘 잊을 수가 없다. 또한 처음 필자가 대학원 석사과정에 입학하였을 때 무애 양주동 선생님의 비교언어학적 선견지명은 지금도 마음속에 자리 잡고 있다. 그리고 자료를 수집 정리하는 데 있어서 동행해 준 본교 김정아, 김이주도 고마웠고, 방학동안 옆에서 기록을 정리해 준 본교 대학원 김희지 선생과 김성희 양 그리고 컴퓨터 작업에 처음부터 동참했던 황창식 군과 박선영 양에게도 고마움을 표한다. 그리고 이 방대한 작업에 많은 도움을 주신 북경대 교수와 본교 박찬식 선생도 고맙구나.

2007년 2월 어느 춥고 지루한 K동 301호 강의실에서 한국의 거시적인 한국학이 언젠가 정립되기를 바라면서, 그리고 설립자였던 경원대 총장이셨던 故 김동석 선생님께 이 책을 드리고 싶다는 생각을 하면서……. 또한 세월이 흘러 갈수록 생각나는 저승에 계실 나의 아버지에게도 드리고 싶어진다. 또한 살아있을 때 마누라의 잔소리도 오늘 따라 다시 듣고 싶어진다.

2007년 설날에 편, 역, 저자

일산 박상규 근직

(한국학의 미래를 걱정하면서……)

# 목차

## 蒙·漢·滿文 三合 (하) 〈解說〉

"蒙 漢 滿文 三合"은 中華民國 2年 8月에 北京에서 出刊되었다. 그리고 筆者가 參考한 이 書籍은 현재 서울大의 과거 京城帝大 도서관에서 찾아서 복사한 것을 다시 역락출판사를 통해서 世上에 선보이게 된 것이다. 전체적으로는 6冊이었으며 '한국학과 우랄·알타이학 관련자료 총서 ⑥'에서는 4~6冊만 소개할 것이다.

4冊에서는 : 當時의 도서번호는 '3903-3A-4'이며 蒙古語와 滿洲語를 並記하면서 또한 漢文으로 譯을 해 놓은 소위 '蒙 漢 滿文 三合'이다. 그리고 도서 넘버링은 '145179'이다. 또한 4冊은 全部가 어휘집이다. 例를 들면, 37쪽 a에서 보면, 'kara mori-黑馬-kara morin'과 'kara cai-黑茶-kara cai'를 통해서만 본다면 몽고어와 만주어의 同一한 語形態를 볼 수 있을 것이며, 또한 '말(馬)'인 경우의 語彙를 比較해 본다면 몽고어의 mori와 만주어의 morin 그리고 한국어의 mal(馬) 그리고 제주어에서의 mor~mol와의 관계를 본다면,

① 만주어의 morin에서 語尾 -n이 탈락, 소실되면 mori이다. 이 어휘는 몽고어와 일치되며 이러한 현상은 아마도 만주족과 몽고족이 동일하게 기마·유목민족이기에 모두 가능할 것이다. 그리고 'morin > mori > mor~mol'의 현상을 통해서 본다면 몽고어, 만주어 그리고 한국어의 Altai系 語學說을 생각할 수 있을 것이다.

② 또한 제주도에서는 黑馬를 '카라 몰'이라고 하는데 이러한 현상도 몽고어·만주어의 kara morin과 kara mori와의 關係를 통해서 알 수 있는데 아마도 이러한 현상은 借用語로 본듯 옳을 듯하나 比較的인 次元에서도 생각할 수 있을 듯하다.

5冊에서는 : 5冊 역시 全部가 '蒙古語-漢字語-滿洲語' 語彙集이다. 도서번호는 '3903-3A-5'이며 이 책의 넘버링은 '145180'이다. 첫 쪽인 1a에는 京城帝國大學 도서장의 도장이 찍혀있으며 冊의 體系는 1~4冊과 同一하다. 이 5冊의 內容에

서도 1a에서 'kara-三歲牛-gũna' 11a에서 'kota-親家-sadon' 48a에서 'baka-墨-baha', 44a에서도 'balgasun-城-hačen'에서 보면 蒙古語와 滿洲語와 比較關係를 뚜렷하게 알 수 있을 것이다. 아마도 蒙古語와 滿洲語의경우의 初期에는 상당한 同一系였을 것이나 後에는 Mongolia語系와 Manchu-Tungus語系로 分離되어서 現在에 이르게 되었을 것이다.

6冊에서는 : 역시 이 冊도 全部가 '蒙古語-한자-滿洲語'의 語彙集이다. 도서번호는 '3903-3A-6'이며 도서넘버링은 '145181'이다. 역시 1~5冊과 同一한 體制이다. 그리고 內容에서 본다면 76a에서 'buro-鹿-buhũ', 78a에서 'butang-霧-talman', 93a에서 'bũke-巫人-Šaman', 9a에서 'saran-月-biya' 보면 대체적으로 蒙古語와 滿洲語의 關係를 알 수 있을 것이며 또한 '巫人'의 경우에서 보면 한국에서는 '巫堂'이라고 하지만 중국에서는 '巫師'라는 명칭을 사용하는 것을 보면 '巫'와 '師'는 同一한 語源에서 나왔음을 알 수 있을 것이다. 아마도 이러한 現像을 통해서 알 수 있는 사실은 古代의 祭政一致 社會에서는 '巫'가 '政治'도 함께 관장하였을 것이며 이 '巫'가 바로 오늘날 '師'의 根源임을 알 수 있게 한 것이다.

오늘날 蒙古에서는 教授를 'baɣsi'라고 하는데 이 'baɣsi'는 '선비'라는 뜻이며 古代에서의 '巫'는 바로 이러한 '선비'에 해당되는 當時의 貴族階級이었음을 認識하게 하는 것이다.

말하자면 古代社會에 있어서는 이러한 知識을 갖춘 급이 당시에 그 部落이나 村落 또는 氏族社會를 다스렸을 것으로 생각된다. 그래서 이러한 선비인 baɣsi인 巫師가 그 마을의 안녕과 질서 등을 관장하면서 풍요로운 社會를 건설하는 중추적 역할을 初期에는 담당하였을 것이다.

우리는 文獻들을 통해 새로운 이와 같은 사실에 주목할 필요가 있다는 것이다. 筆者는 과거에도 言語民族學, 言語民俗學 등을 諸論文 등을 통해서 主張하여 온 바 있었는데 아마도 위와 같은 사실을 보게 될 때 아마도 先見之明이 있었던 것이 아니었을까 하고 반문해 본다. 하여튼 우리는 이러한 語彙 하나하나가 매우 소중하며 오늘날에 있어서도 韓國, 蒙古, 滿洲 間의 言語的 比較에도 좋은 자료인 셈이다.

特히 資料라는 것은 우리에게는 정말로 귀한 샘물과 같은 것이다. 왜냐하면 우리 조상들은 예부터 中國의 古文獻을 통해서 볼 때는 飮酒歌舞가 매우 盛行하였던 民族이라고 하였는데 이런 점을 반대로 생각한다면 매사에 그때그때 일어난 역사적 사실을 記錄으로 남기는 民族은 결코 아니며 매우 卽興的이며 感性的인 면이 발달된 民族이라는 뜻일 것이다. 또한 여기에다가 수많은 戰亂을 통해서 그나마 남은 文獻들도 消失되었거나 外國으로부터 강탈 내지 우리 스스로 주었거나 팔아먹었거나 선물이라는 이름 또는 진상이라는 이름으로 외국에 빼앗겨 버렸기 때문이다. 따라서 우리는 위와 같은 귀중한 文獻을 손에 넣었을 때 재빨리 硏究 比較 검토하여야 할 것이다. 매번 느끼는 것이지만 筆者가 <韓國學>을 硏究하고 검증할 때 가장 속이 상하는 것이 있다면 ;

첫째, 그 많은 귀중한 文獻들이 美國, Russia, 日本, 中國 및 Europe의 各 大學校 및 修道院에 소장되어 있다는 점이며

둘째, 國內에 있는 경우에는 거의 볼 수 없을 만큼 깊숙하게 또는 금고 속에 갇혀서 전혀 專門家에게 조차도 쓸모가 없다는 것이다.

셋째, 이러한 諸文獻들을 飜譯 내지 解說 및 解題를 하루 속히 하여야 함에도 불구하고 전혀 경제적 여건 및 기타 이유로 못하고 있다는 점이다.

筆者는 이번에 좋은 기회를 얻어서 <한국학과 우랄·알타이학 관련자료 연구총서> 24冊을 내놓으니 앞으로 이 方面의 硏究者에게 좋은 길잡이가 되기를 진심으로 바라는 바이다.

蒙漢滿文三合
中華民國二年八月出版
(北京正蒙印書局承印)

豠豬畧稱別名 四之一

鵝 南蕃別名嘴紅項下白

陽 十月爲陽

大淵獻 太歲在亥曰大淵獻

猪腸草

猪 亥 猪皮

雞嗄蛋

雛子樹

孤立人

張口求乞狀

張口對答不來 [illegible]來

凡物之彎曲者

張口不能言

向前彎

柳葉箯草 寒菠草

冬時赶殺野猪

毫[illegible] 野猪名項腿上毛白而粗

豲貐 毫[illegible]別名

四之一

耳聰心靈

褒功懷遠旌 儀仗名

功臣館

功

不如人 不及人

天靈蓋

有了裂紋了

起裂紋

骨牙石木等物之裂紋

苦楚之苦　難受之

苦　味苦

乖巧伶俐

齊怨

使怨

怨之　舉哀

可哀

怨

刨人參茯苓的簽子

陽扣 此指子之陽面也

出恭

外

外餑餑房

外解科

外

油物哈喇了

哈喇

狀闊子 [illegible]果樹木[illegible] 掐去稍苗

同

同

外餑餑房

外盤碗庫

理藩院

外官科

外考科

外堂房

外卦

外字

外國

船釘魚

帳房橛子

力不及鐙着腰

浮面

外纏勿貨紋絆子名也

地丁砬

衣大襟

外簾監試官

外膳房

膠花春布

裝裹之裹

浴盆山 山頂有水不涸土人呼曰浴盆山

洗臉盆

使涉水

涉水

令涉水

壓翹

兩頭翹起

加默頁 異獸名出外國似魚有耳豬尾獸足皮甚甲潤行走慢

不倦

無倦

倦了

可倦

倦

鷺章花 異花箭房葉有角花似鷺秋開

鷲

以之做面子 必表而出之表

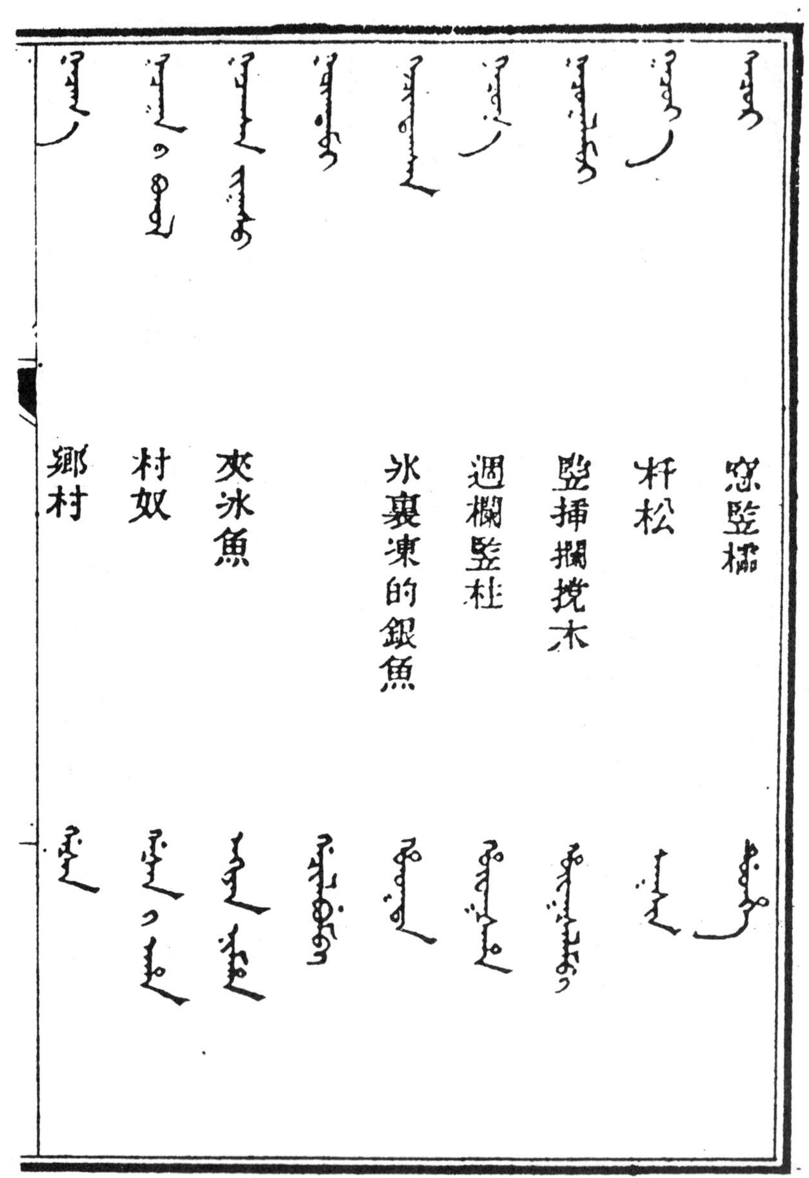

窗豎櫺

杆松

豎插攔攪木

週欄豎柱

氷裏凍的銀魚

夾氷魚

村奴

鄉村

春地酥顫

地乾

泥地乾透

地乾透

安宅

輿圖房

處處

各處

地方 地

盆底坑

公馬熊

地啞

地平經緯儀 地平經儀上加象限儀合爲之儀器

地平緯儀 又曰象限儀

地平經儀

皇祇室 乃供地祇殿名

地潮

地濕

馬頭 停船飲馬取水之處

打騷鼠之器

數珠上記念套環 銅鐵環

雕瓏花 異花花朵如套雙環葉大幹葉

撅鵲

邪言之 邪行之

邪正之邪

嚮導

地壇

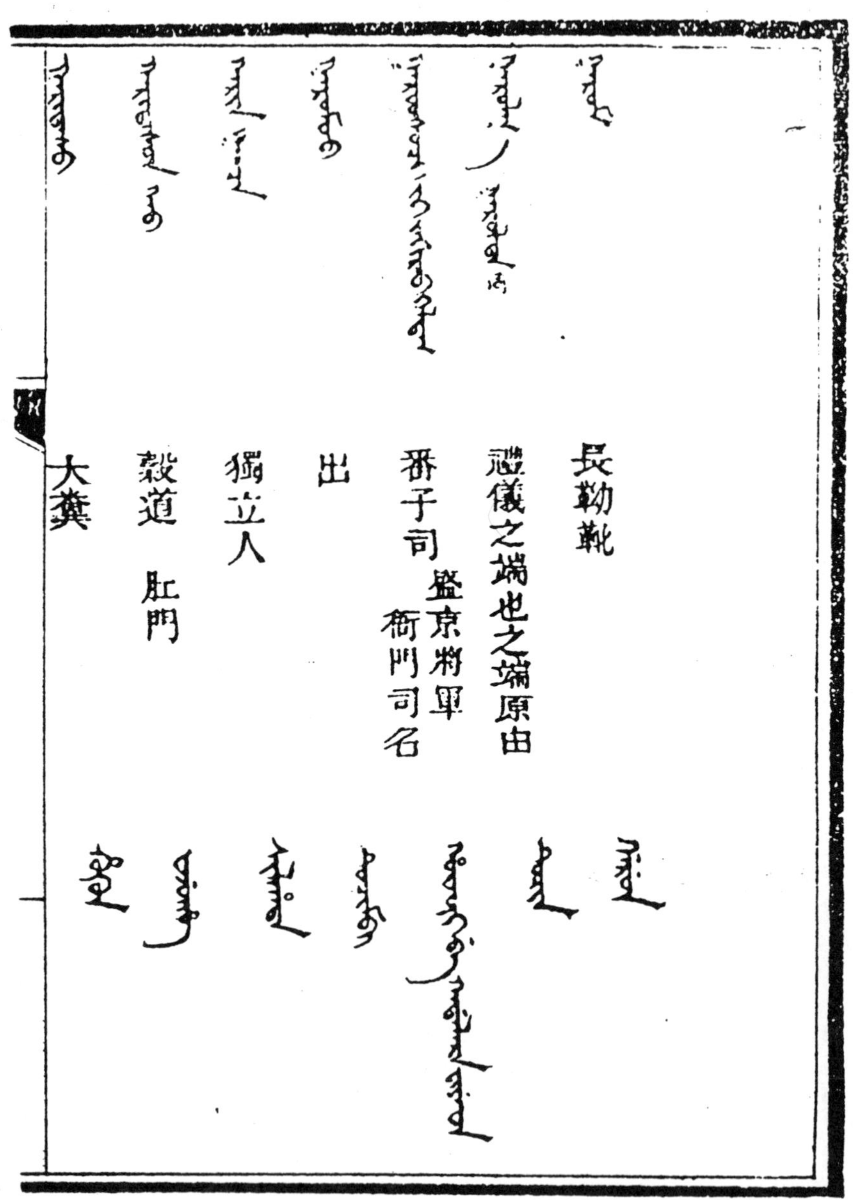
長靿靴

禮儀之端 也之端 原由

番子司 盛京將軍衙門司名

出

獨立人

穀道 肛門

大糞

八

靈妙 瑞 奇

奇異之詞

令人奇異之

奇之

衆呼喊聲

禍殃

災煞 居年神內第六 掌病災疾痛

衆爭論聲

着急聲

五

不妨 蒙古人凡身上好病好了亦云

神黄 異獸乘黄別名 四之一

靈奇

瑞芝象

奇字篆

靈寨郎

神威無敵礮

神威礮

神功礮

打嚏鷹鶻聲

咳聲

芥菜

宣課司

稅

水灌祭祀猪羊不搖頭

凡祭祀神不受享

包米收驚

艙子船 戰船名

前鋒統領

手扭

手鐲

手爐

迎手

扶手

手背

手掌

手

抄手

倒背手

縱綫籃子

中跌跤

中跌滚

刀護手

兩人快[illegible]

手彆子 其跤名色

前鋒統領衙門

十五

狠瘦人

剝取財物

出警旂 儀仗行

數負不休

廻跋之跋

搭帳

使來出 向

舉出發覺

套雲環 騸馬名色一

[illegible]

發 乃發明義理評論是非之文曰發

獒 犬別名九之一高四尺犬也

十二

五

稍繩

空身人

單身

單物

腰疼強行狀

駝腰人

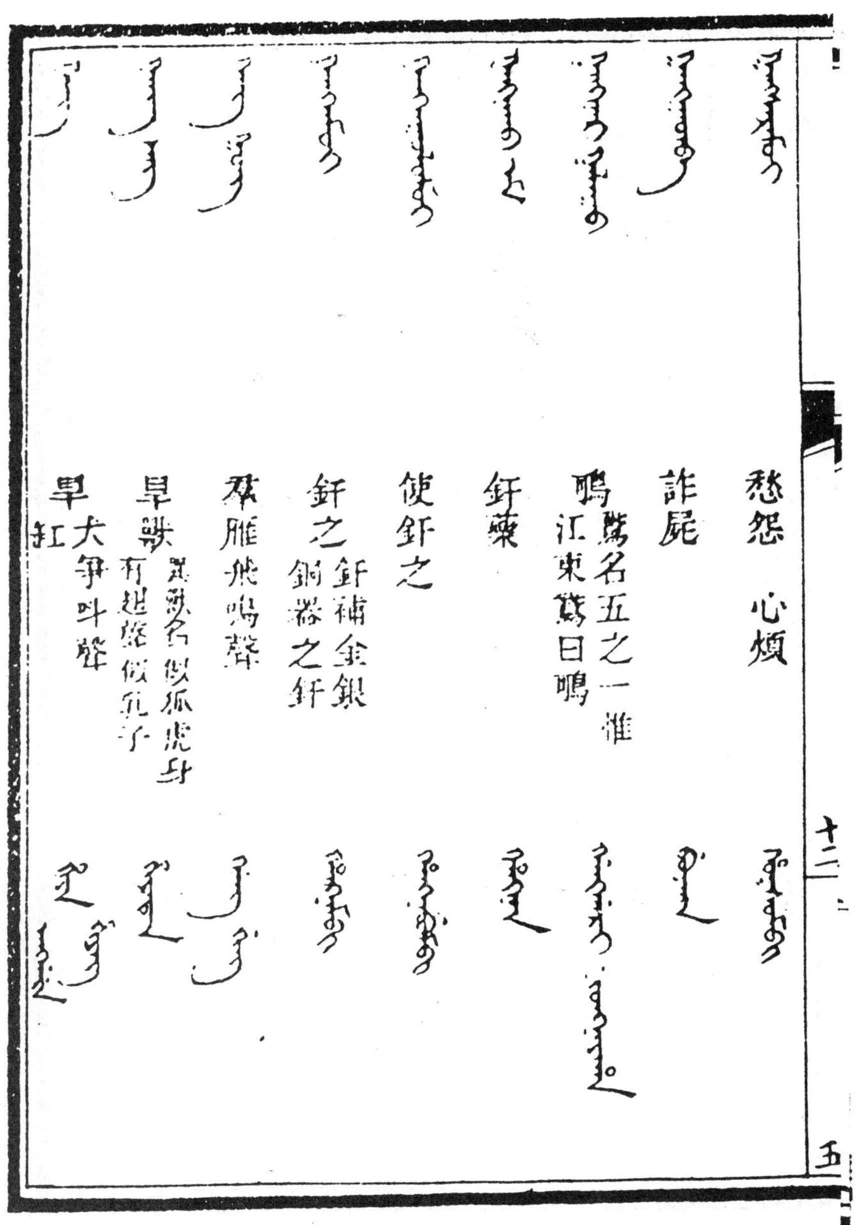

愁怨 心煩

詐屍

鳴 鷲名五之一惟江東鷲曰鳴

釬藥

使釬之

釬之 釬補金銀銅器之釬

𡇾 雁飛鳴聲

旱獺 黑獸名似狐虎斗有翅能飛兒子

旱扛 大爭吵聲

十二 五

猪豬 猪子別名 其形類猪

犬欲脫鎖掙叫聲

亢旱

犬惡吠聲

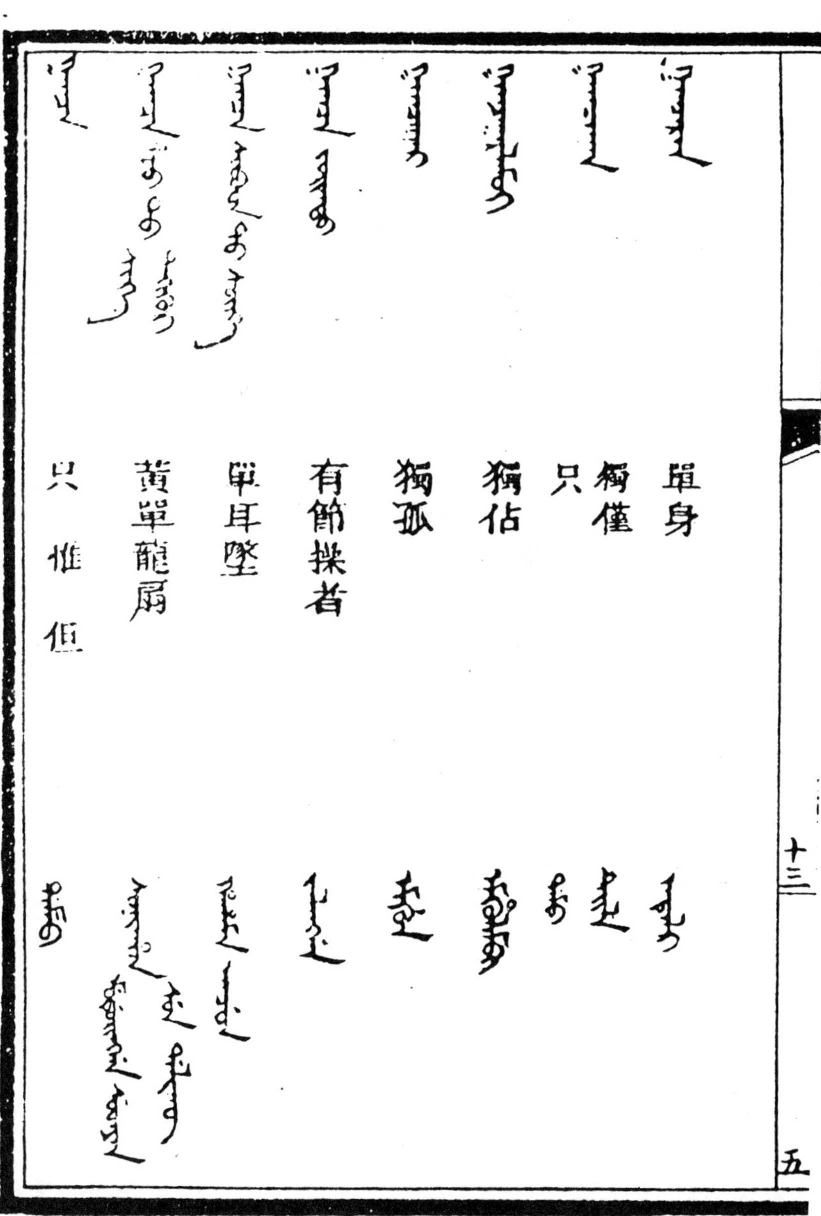
單身

獨僅

只

獨佔

獨孤

有節操者

單耳墜

黃單龍扇

只惟但

十三

五

前鋒大纛

前鋒侍衛

前鋒參領

前鋒校

前鋒 捷捷

哈叭狗叫聲

壓派着人說

銅鍋

銅

使輕騎校從

輕騎校從

火盆

頂火

火提

火樹星橋之戲 元宵節街迎時所作之樂

火器營衙門

藥信子

火星兒

火鐮兒

火

瘋邪了

瘋狗

火鼠

大光獸 異獸名大如鼠毛長三寸色紅白夜光如火

瞎人

彩長

火鍋子

螢火虫

火箭

十五

五

夷則 大律之一屬申月

災殃

射箭手快肯中

弓稍歪斜

𤟤 異獸名出欒馬山似蝟過身如火紅

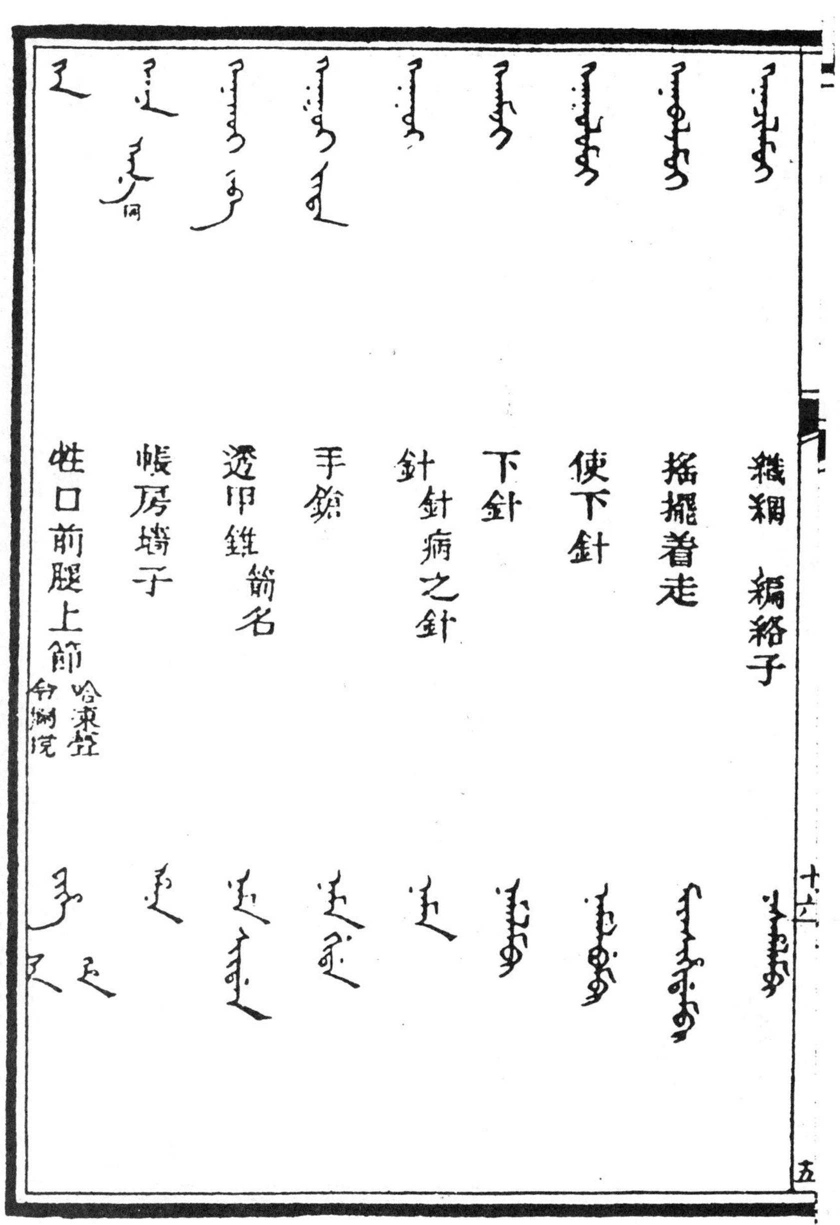

十六

織網 編絡子

搖擺着走

使下針

下針

針 針病之針

手鏡

透甲錐 箭名

帳房墻子

牲口前腿上節 哈滾拉 合欄院

五

朋友

不合人黨類

牛心左道不隨合

合羣 隨合

腰眼鬆彎搖幌着走

搖幌着走狀

斜隔子窗

隔扇

落地明 通稍有櫺無板屋內作隔斷之隔扇

不知足

使足

足

咳嗽

結認之親毫不相干之意

交結者

使交結

交結

隨合者

十七 五

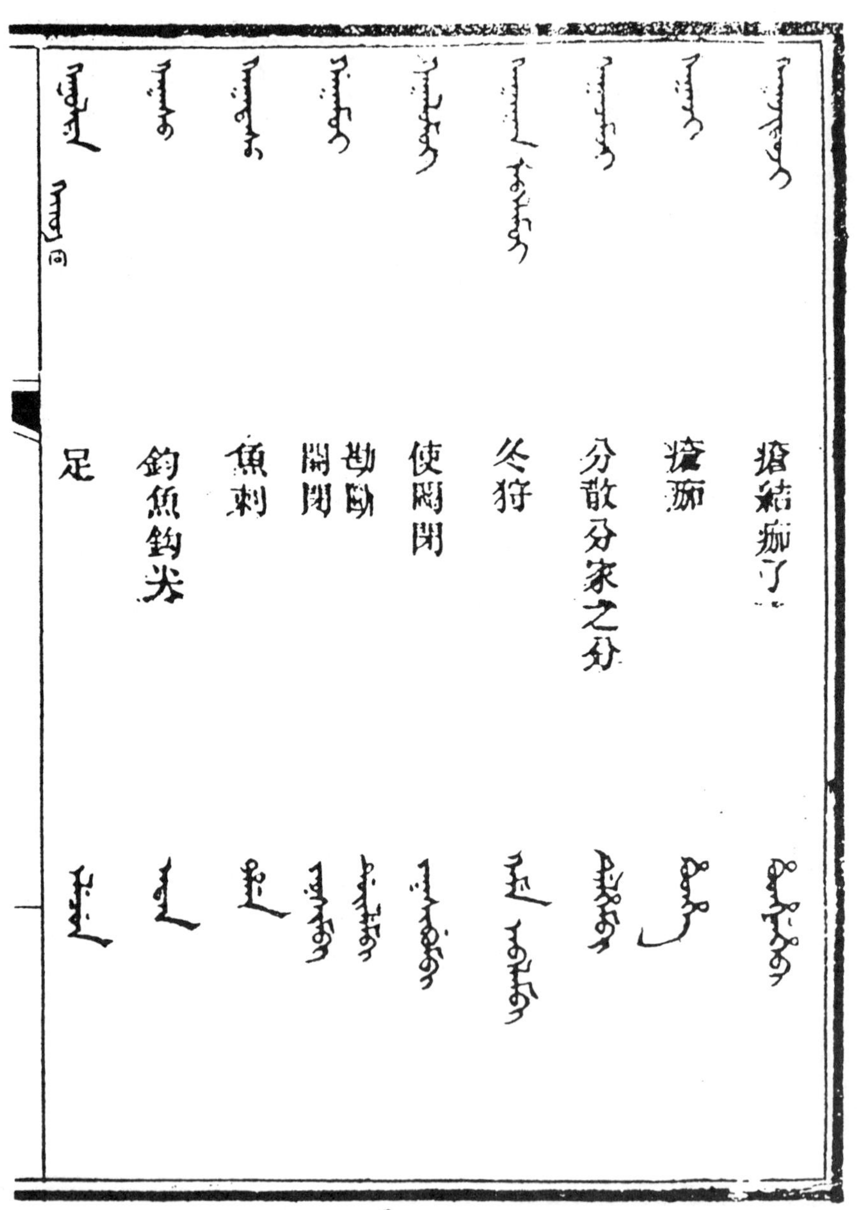

瘡結痂了

瘡痂

分散 分家之分

冬狩

使關閉

勘斷

開閉

魚刺

釣魚鈎尖

足

君

炸魚片兒 用鱈魚刮鱗白魚切小片卽以魚油炸者

研刀子

使烙

烙之

令烙

爐食餑餑

破壞之破

山核桃

合符

半個之半

閉 居値日神之末取閉藏之義此神値之日黑道

被閉塞

姑母

皇穹 以圜丘供神牌之殿

上帝

帝系 惟皇上一支之玉牒曰帝系

帝星

篇頁之篇 一張之張 單子

開板

開

墾出之荒地

門神庫

門

使開墾

使劃斷

令開墾

令劃斷

對半分開之對半

十九 五

已過之月 上月

舊

條陳

怨咎過

怨咎

使剝之 使揭之

剝皮之剝 揭瓦之揭

待人情淡

冷淡

暑乾

乾飯

氣桑

乾糧

奶油糜子米烏他

乾

舊太眉

除夕

舊

鴒鳥剛淡

粉碎聲

悵慨

令乾炒

混撒謊

使乾炒

乾炒之

撒謊

使乾

乾

連欬聲

嚼冰聲

絞絞杆聲

柵欄

潦草 輕浮狀

竦氣 皺鼻

抬箱 報囘

假冒 欺誑

假 謊

馬鼻㬎

鼻 說 後倣此

行衣之行 行遢

螃蠏蓋子

衲袖

哈叭狗

拿緄係的墜子

行賄賂

行頭皮墊子

鷹尾拴鈴墊板 同

在那裡 何在

腫脹

宣腫

大公猪 即跑猪也

鼻柱

鼻孔

揨馬唇的[illegible]鼻

劓 古五行之一 截鼻也

馬流鼻涕了

二十三

五

翼隊　傍枝兵

椋子

舡肋　山肋

獸挨人擦過　鍚刀

管閒事之管

大腿馬面裏邊

梢言帶語譏諷之

月牙

肋條

春

腫

微腫

疔

射獸手快

夾鍾月 六呂之一屬卯

鈍鐵刀

傍風

從傍截殺

二十二

五

長春花鳥 頭白翅黑善鳴音清

綠春紅花 異花紅艷味香

望春 與喚春鳥同反舌別名八之一

祀春 祭先祖日祀

剪春羅花 蔓生枝六瓣朵大如錢瓣齊如剪色紅鮮華

山礬花 木本花白六瓣蕊黃味香

嘉春光之章 耕耤禮成後筵宴進茶時所作之樂名

芒神 立春日所祭之神名

春官正

厰 井盤架

車箱

使遮護

遮護 疼愛照看 不露形色

柿霜

潦草

苟且

柿子

脡了

度春

二十四

五

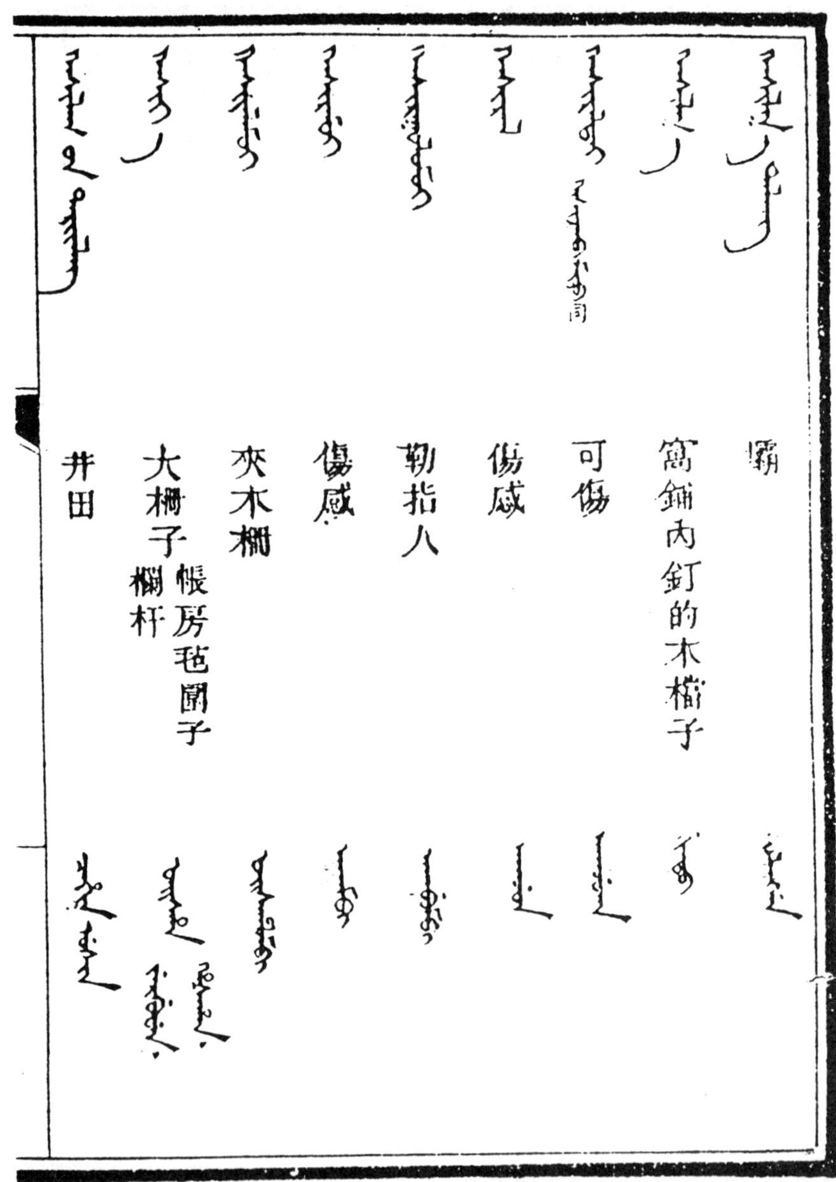

霸

窩鋪內釘的木楷子

可傷

傷感

勒指八

傷感

夾木柵

大柵子 帳房毡圍子 欄杆

井田

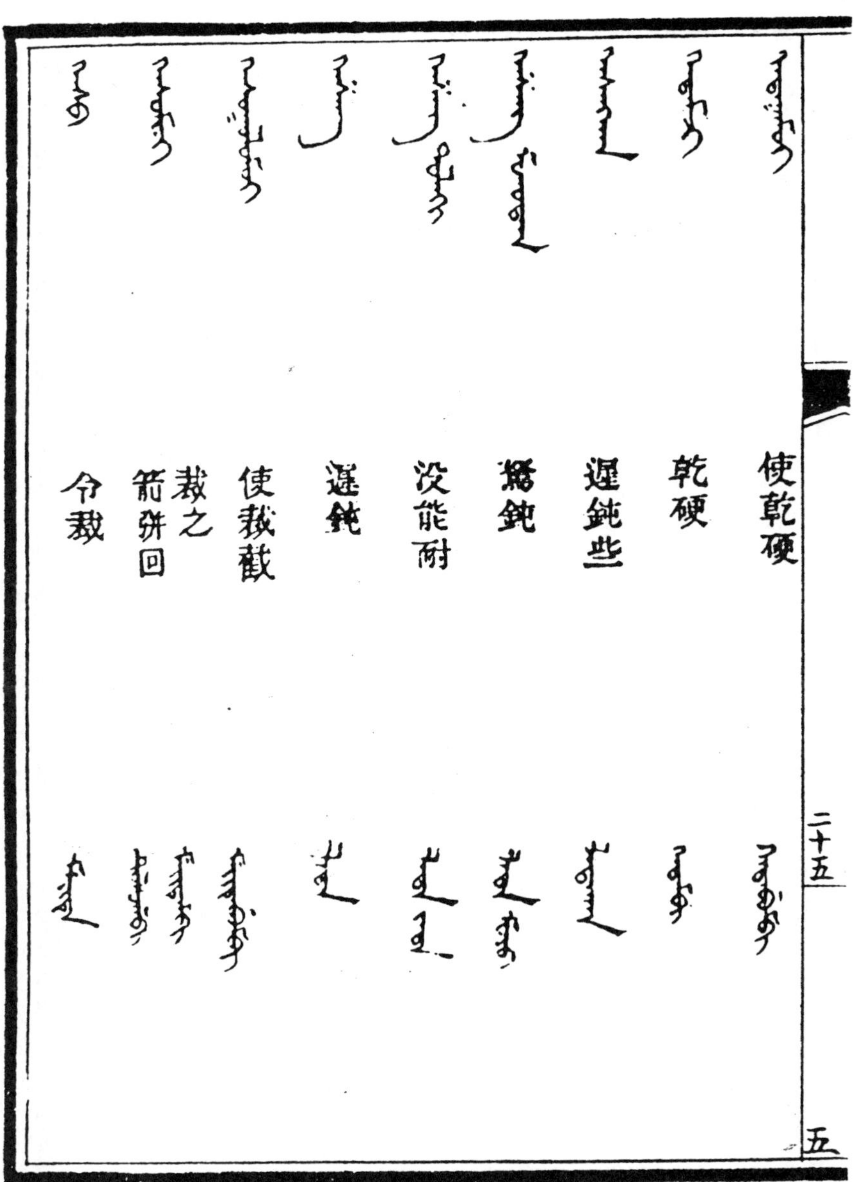
使乾硬
乾硬
遲鈍些
遲鈍
没能耐
遲鈍
使裁截
裁之
箭骈回
令裁

烈女

有性氣

屯絹

硬紗

點錫

硬

味釅些

晒乾棗

使蘸鋼

預背式背的石馬子

騍馬

硬頭癤子

强壯

勉强支持

脆榜紙

堅硬

麯料

麵麯子

物自高落聲

掐鎖聲

瘦怯怯的

瘦怯

上所委任 天之所付

鹿葱花

鵏鷄

急躁人

禾稼黄疸子

繫辭傳

繫辭

時 異獸善登峯巒故名

魟釘魚

地丁草

收貯

使釘之 使上靴底

釘物之釘 上靴鞋底

山峯 令釘

二十七

五

大姨子　大姑

岳母

岳父

妻兄

注目看之注

歇帶箭之帶

哈達

山雀

石畫眉　身首微黑而綠眉細善鳴

鰺條魚

甚饒

鐮刀

用鐮刀割草

木候 雌鷄哥也

黃河 河旗

胡燕

火鷄

福晉 王之妃曰福晉

叔嫂

二十八

五

熱

馬不把滑

馬把滑

發燒

熱溫 暖

被熱物燙着聲

蝎子草

更換 偏護 偏向

餓鬼

二十九

五

儲君 同

被折挫

折挫人

使傷悲 令人心熱

傷悲

熱症

暑湯

湯泉

茜

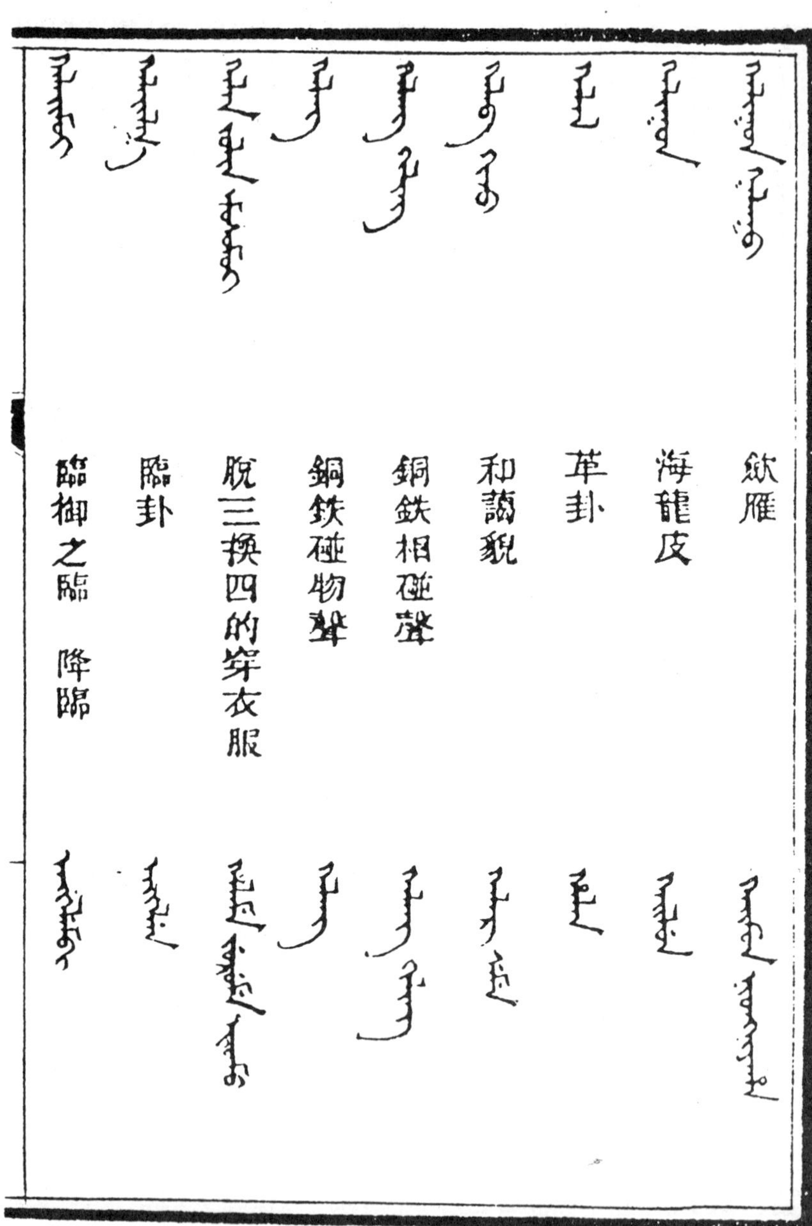
欽雁

海龍皮

革卦

和藹貌

銅鉄相碰聲

銅鉄碰物聲

脫三換四的穿衣服

臨卦

臨御之臨 降臨

冰上之流水 淌凌水

晒晾肉

鴈不拿物飄起

鷹飄揚高起

房魚

果子殼 樹皮

黑頭紅身牛

海騮馬

翠雀

花鵰鷹

蜀菊花

魚鷹

雪上浮凍一層

剝皮帶油

射獸中在皮裏兩外

忌辰

野蒜苗

切肉片子

相保護

保護

驚避了

使禽獸驚避

溜邊

使侵犯

侵犯

天葵花 葉面綠裏紅 朶小似牡丹

禽獸見人驚避

在那裡

漁獵

粘弓挿口

弓梢頭挿口

生了癍了

[illegible]

蒿猪 毫彘別名四之一

護骼

保護

三十二

署事之署

不管

管閒事之管

有干涉

無干涉

干涉

何處的

憑他怎麽口氣

從那裡

五

鷲鵰之雜名

俗語給小鞋兒穿

門窗豎柱

洞開中流

諸凡一切

不論好歹一槩摟取

哈密回子

哈密城

委署

歪人

扭扭彎彎

歪

不正貌

歪

柏雄 鷹名

八脚子 蟲名

鴛鴦

馬嚼子上的腮花

蹁蹮

從傍邊

傍邊的

耳房

側臥

側傍

傍

歪着行走 一溜歪斜

行事歪

貂鑲朝衣

命硬刑尅人

歪靠着

棹刀

冰鮮魚

弄歪

歪着

亂摺 同

咕斷之

鼠交

三十四

五

堂姪

再從兄弟

擲之 摔之

高粱

使棹

箭頭槳 船上使的棹

房山墻

偶然 間或 令擲下

隨鑾旂纛綠衣邊

三十五

元狐

元豹

烏金紙

壬 天干之一 黑 書籍 黑馬牛之黑

廠地

咳痰

樹鷄

痘疹回了之回

齟齬頓挫

五

黑鴉 頭背青尾有白毛脚爪前後各生二指

黑龍江 地名在關東

烏木

蘇子

黑龍潭

黎民

狖 似猴尾長鼻向上翻

黑玉

黑鴨

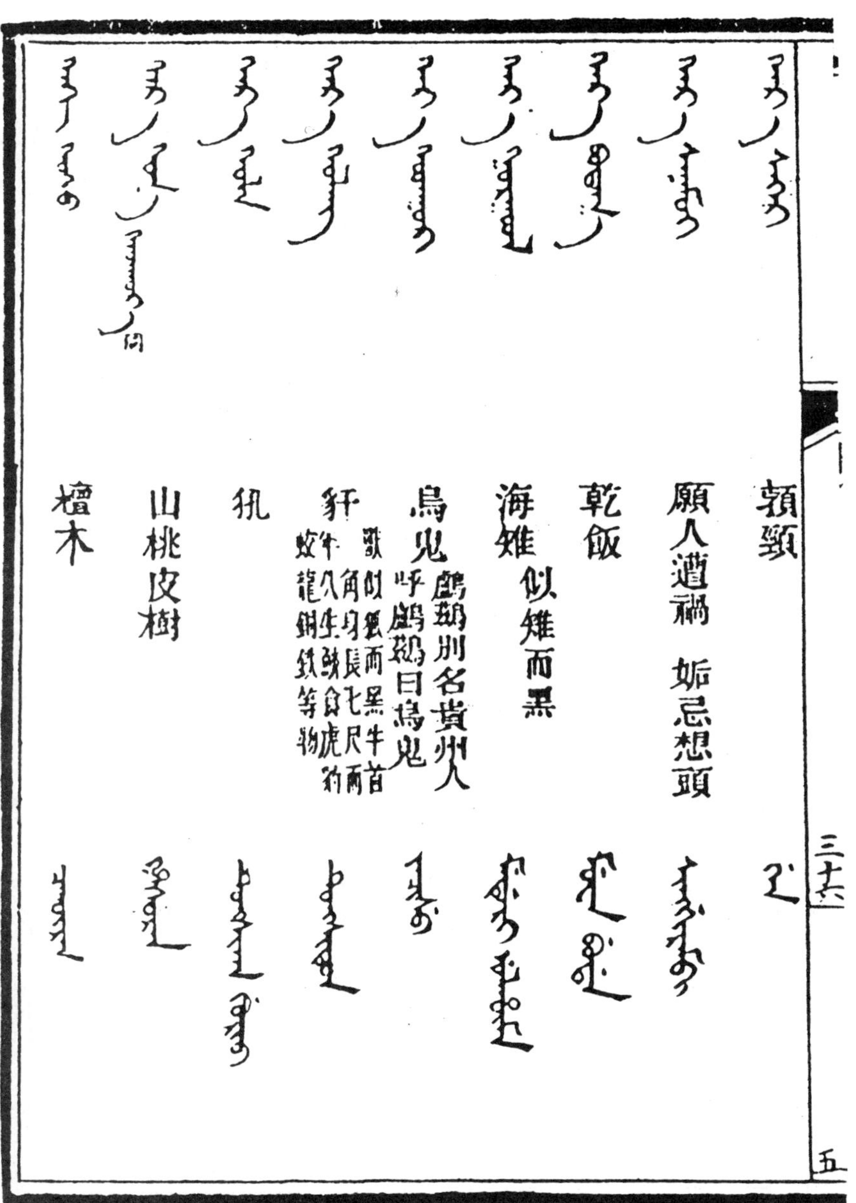
頷頸

願人遭禍　妬忌想頭

乾飯

海雉　似雉而黑

烏鬼　鸕鷀別名貴州人呼鸕鷀曰烏鬼

犴　獸似狐而黑牛首角身長七尺兩牛八生頭食虎豹蛟龍銅鐵等物

犰

山桃皮樹

檀木

三十六

五

青鵲

烏梅

大汗

烏舨舡 戰舡名

黑魚

被傷獸之血跡

精肉

夢魘住

大黃蒿子

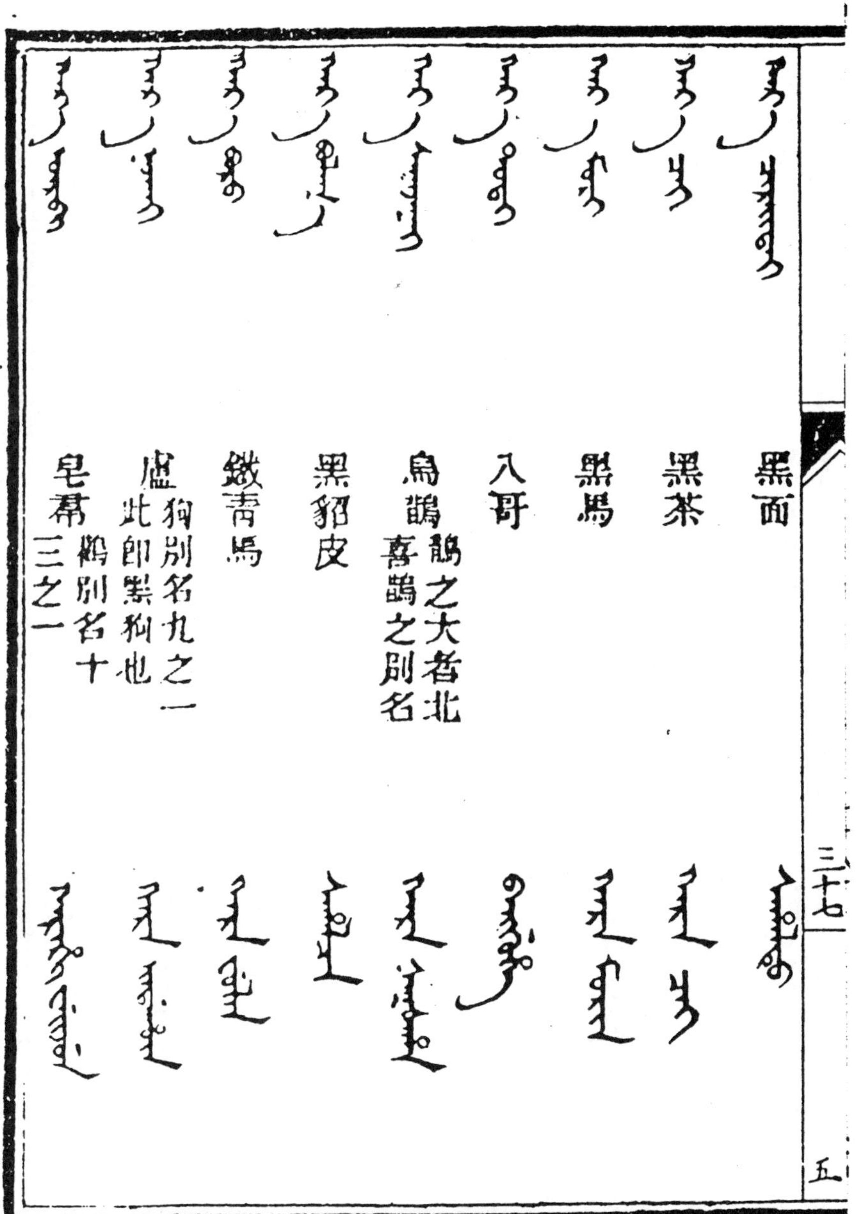

三十七

五

黑面

黑茶

黑馬

八哥

烏鵲 鵲之大者北喜鵲之別名

黑貂皮

鐵青馬

盧 狗別名九之一此即黑狗也

皂鵰 鵰別名十三之一

青鸗子

土螞蚱

賀鴻

黑鯿花魚

鶘鵜

青鵮 青鵮別名三之一

沉香

鯖魚

烟燻斑騮馬

照看

瞻仰

屬下人

屬下

近視眼

緣由 緣故

垜兒 鷹名

[illegible][illegible]頦 雀名大如家雀頦下毛黑

黑子兒皮

烏黑色

望燈 夜間遥望之燈也

小兒出痘見苗

哨探

使瞭望

骨頂雉

微黑

樓臺之臺 瞭望

使照看

供事

奴僕們

致于黑舊

被人嫉妬

黑舊

嫉妬之

嫉妬人

齧鐵 異獸角足俱仿佛牛毛漆黑食鐵其糞可打兵器甚鋭

憐惜 捨不得

畧精些的肉

烏鵶 棲于曠野翅黑

使疏

跳之

監督

監修總裁官

水流不凍處

水流不凍處

教習庶吉士

庶吉士

滿洲奴僕

同

山火燕 胷黑頭項青紫背翅黑有細白斑尾棕色而梢長

癸 天干之一

行事昏迷

黎明 黑朧朧

黑暗 昏迷 昏暮

牲口生了張牙了 發昏

銅鑼

一路之路

一跳之跳

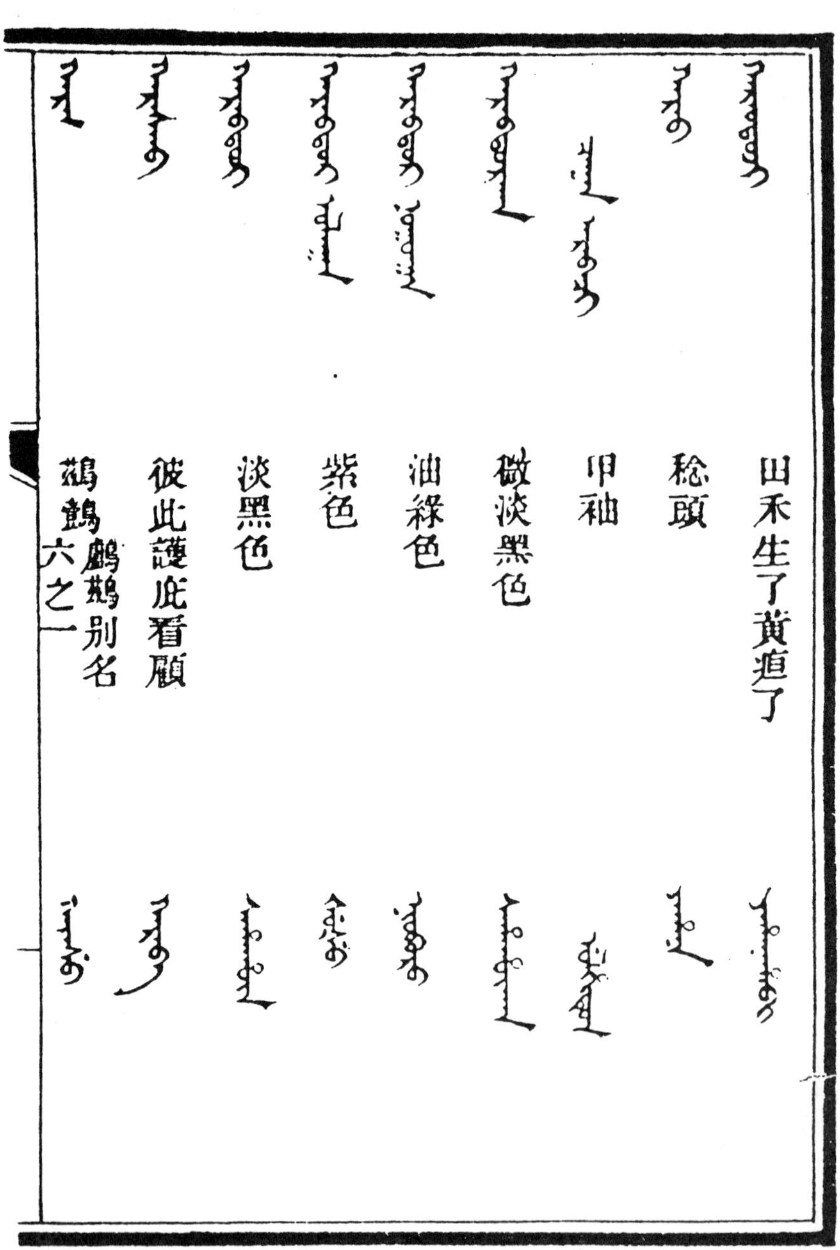

田禾生了黃疸了

稔頭

甲袖

微淡黑色

油綠色

紫色

淡黑色

彼此護庇看顧

鵜鶘 鸊鵜別名

六之一

貪婪 同

不使侵犯常保護貌

吝嗇 同

烏鴉 與黑鷺同俱骨頂雞別名

監守 照看

雲騎尉

瞭 鶻子別名二之一以其能覷遠故名瞭

黝鳥 鴉鴝別名七之一以其純黑故名黝鳥

雀矇眼

四十二

五

報答之

回頭 送文書要回的接收字様

回敬 酒之回敬

取報 復讐

答報 回覆

奮勇 凡事勇往而行也

魚兟子

卻非冠 古護衛官所戴者

致謝

御弓反翻身

退回

炕子兒餑餑

斃網中魚之斃

相衝撞

相衝撞

力不足非對手

報應

使弓反翻身

弓拉滿又退回

不肯激而遽殺之

四十二

五

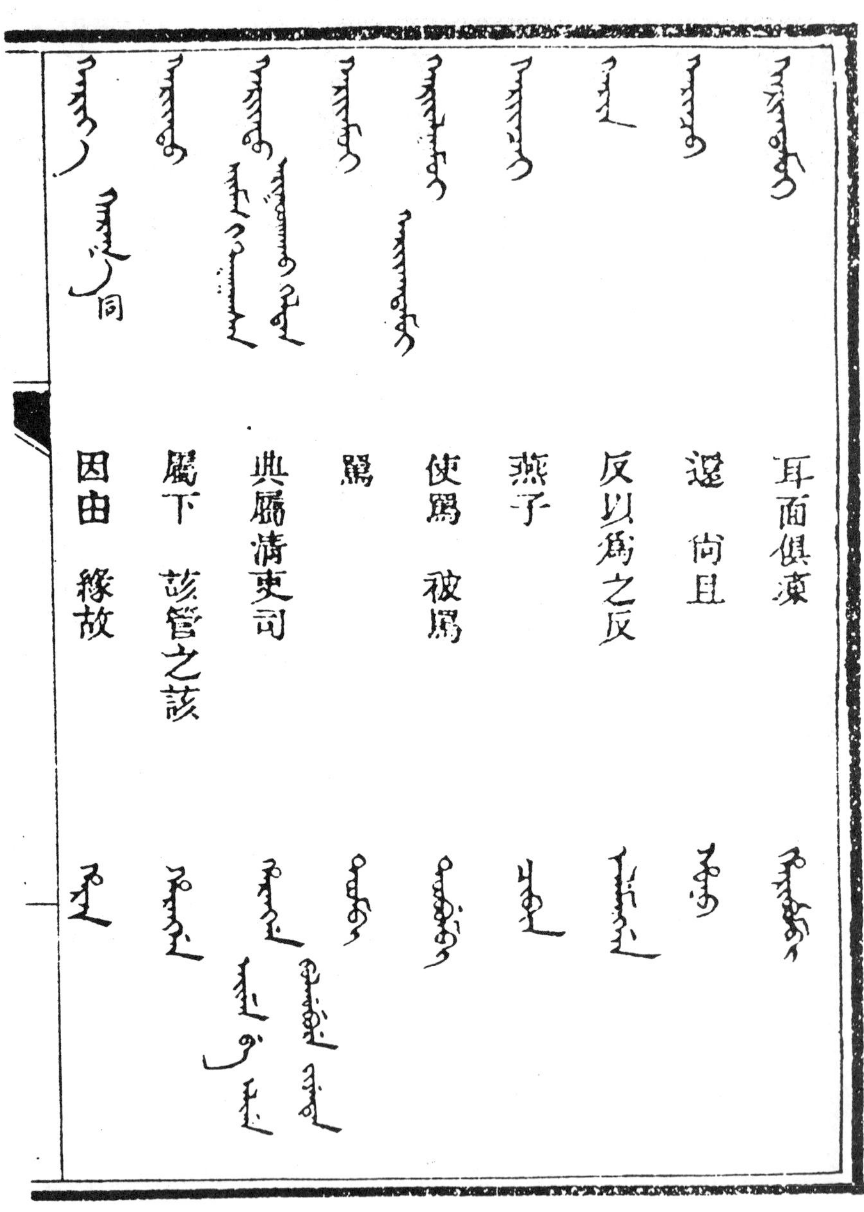

耳面俱凍

還 尙且

反以爲之反

燕子

使罵 被罵

罵

典屬清吏司

屬下 該管之該

因由 緣故

同

鉋子

鏇子

使鏇之

鏇之

令鏇

砑刀子

互相

弓翻身

忘歸箭 古箭名慎中

四十三

五

鉋之

透迤貌

使牲口湯水

牲口湯水 鵝鴨浮水

殿後

殿後兵

屎藩

不理 不採

不覺

魴魚 又名鯿花魚

榆蘑

白榆

单騎

龍骨 木舡內邊底相合處釘住的長大木名

海棠花

銅鍋子 小銅鍋

城垛口

狠小的小鍋

廣鍋

麻花子 餑餑名

剪刀篆 字體如剪故名

百足蟲

剪子

硝子石

挑遙射箭

挑遙箭

氷化之化

細深藍布

可惜

惜

憐惜

百靈 鳥名

好可惜

恩騎尉

恩監生

恩貢生

剪之

亂石壩

魚鱗壩

匣子 神桿斗

河邊碎石子

刮去魚鱗

魚鱗雀 黑白斑毛眉脣似魚鱗

有鱗的

魚鱗

可惜處

五

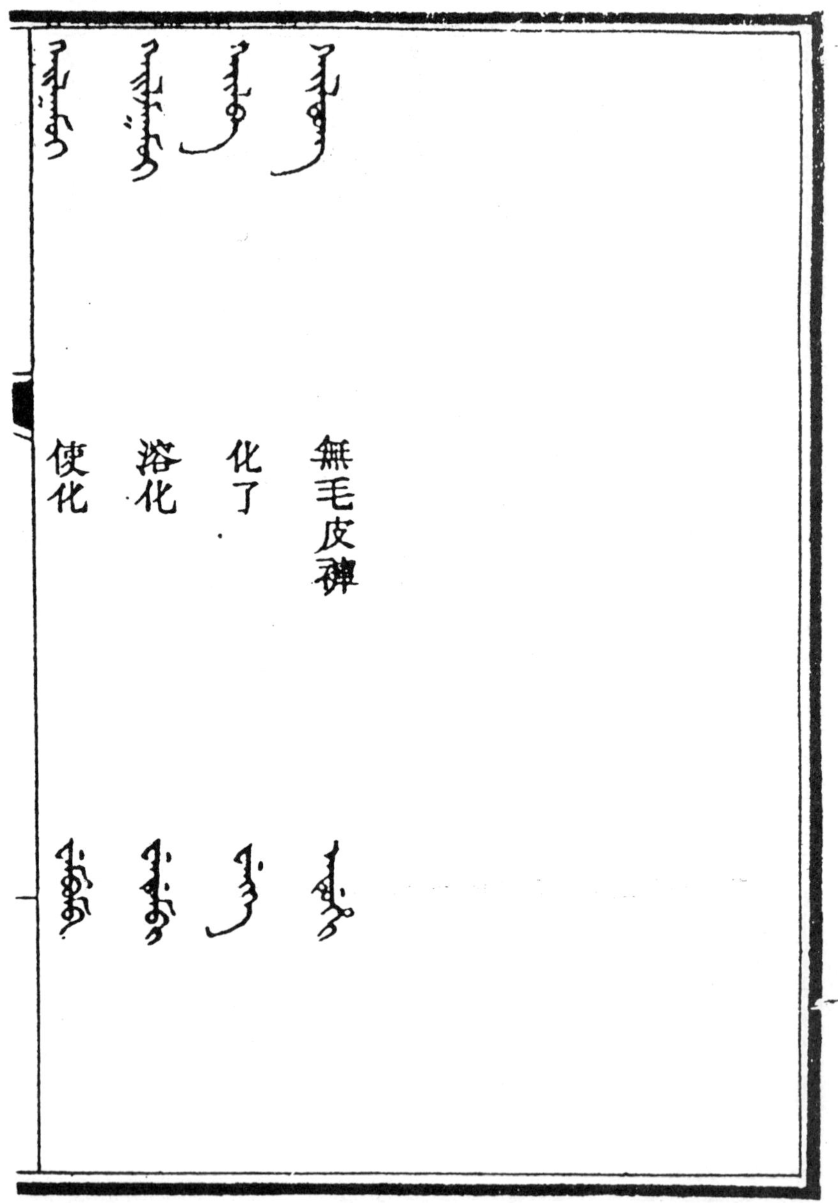

無毛皮裨
化了
溶化
使化

銜着去

鵜鶘

繡之

馬屁骨楺

落葉松

剝取桃皮之桃樹

縱線的塑了

碎石上行聲

馬啼聲

腹大下垂

腹下兩邊的肉

獸胎胞

松花魚

[illegible] 虎別名八之一

射把子的披子箭

葫蘆片魚 形似魴魚狠小而寬

薄荷

相銜

妨礙

鼓翅鳴

吉凶之凶

殿　陞殿

射　六藝之

衆齊射箭

射步箭

鵠子

箭亭子

鬼風子亭

猩猩毡

護攬

相覩貌

將散物收攏一處

撈摸

碾杆木

令收攏散物

肉醬

青駮狗別名九之一此有花黑斑狗也

頑背式骨的區溜子

銅錫指鉗子

刮皴箕隨滿洲曲

暴虐

灰鶴

鶬 鶬鴰別名六之一

重車重担聲

倣生硬 絲線生硬

鳭鷯 鷦鷯別名

養鷹處

放鷹

鷹

五

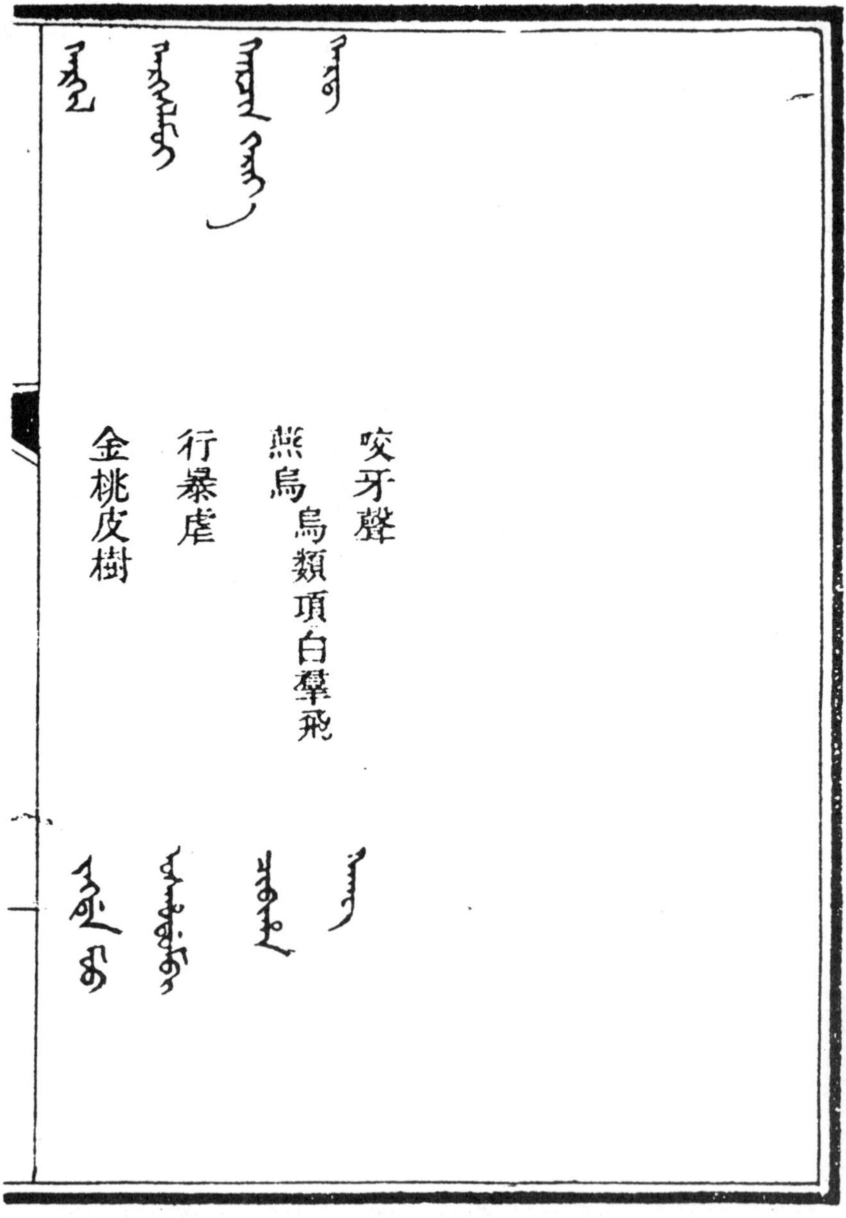

咬牙聲

燕烏 烏類項白羣飛

行暴虐

金桃皮樹

使向之

小拴飾件

制嘴瓢馬之壓繮

扯手拴在鞍韂上吊馬

四不相子 拙達渓

彀沒的

彀了

大鵬

一箇之箇

炕洞

落炕 病倒之說

炕

袖物

捲袖子

袖褶

衣袖

向之

足已彀了

如意

衆空車聲

瘦高貌

銹鐵箭

馱鞍

射着獸之皮毛

身材高

珩 美玉名

五十二

五

鼻樑

杭細紬

刮皮上毛

令刮去皮上毛

敪

房墻傾倒聲

墻倒聲

水熱燙住毛退不下

棒皮過時老住剝不下

河邊下之狀

手鐲聲

鑰匙腰鈴聲

銅鐵亂碰聲

身細而緊

汗巾

鈴鐸聲

銅鐵墜落聲

辮頭上穿縷飾件

五十二

五

青草地內之乾草

發水後樹上掛的草

使煉 使炸

煉之炸之

烤乾

焦餅

把物使烤焦

病人內裡發燒

耳塞鐵渣 喀欬聲 飯鍋巴

綻裂了

綻裂

鷄胸佗背人

凡物上落了浮秕了

鍋巴住了

喧笑

喧笑

五十二

玉輅

玉輦

玉帛匣

紋貝

玉簪花

玉殿延英之章 臨雍筵宴進膳時所作之樂名

玉殿雲開之章 大宴進酒時所作之樂名

玉璽

玉

庇護

玉鈴　鵪鶉紫白如鈴者

斯玉驄　駿之燒斑眼鈎鼻者曰斯玉驄

磬

玉碟館

玉衡　古時看日月星之玉管曰玉衡

玉筋篆　李斯變小篆而作此字以其畫如筋故也

玉字日　單月初卯至申雙月自酉至寅六支日曰玉字日

玉石　璞玉

上風吶喊射麅

大聲笑

使吶喊

吶喊

軫宿旗 旗繡軫宿像故名

軫水蚓 二十八宿之一

精金

扎花鞋

扎花之扎

刺之

害眼如刺戳的一樣疼

刺扎 肚裏刺痛

挑唆人

小兒貪睡老年人拍着呼叫詞

七八個月小狗

剝的柳樹上青皮

杜棣子 菓名味酸色紅

被刺

箭上粘桃皮

皷膂子

木架箭繃

頂樑斜住

膂子

箭上裹的山桃皮

繡旛

繡墩

魚口噴水吞食

使下夾子

打雀的夾子

家犬撕咬

哈唎殺　螺鈿

鵗　北方雉也因四方各有名

昏沉　沙沾

元狐

咬住

五十七

五十六

屁

灰色戴勝 馬名

荷包裹裝之

荷包哨子箭

荷包

使兼並

賢跤打潑脚

附庸之國 小國也不能自達於天子須附大國故曰附庸

兼之 並之

白葺莎草

打板子

地平板

板片

魚兒牡丹 花紅蕊白並生如比目魚

扁鼓

艑子舡 江船名

扁角

扁豆

闞東哈什瑪 似喇叭而大味似蝦

投壺

蓬矢 投壺之竹箭

塔骨子 異果形扁大如橘內空

夾板

有殼者

鞍翅子

遮敞蓋

窨扁

伊蘭花 出四川本如茉莉朵小甚香

鵰嘴荷包哨子箭

車檔

鹿耳 夾舡梔的兩槐木釘

小木鞍

鑷子螃蟹夾子

夾棍

逢迎人苟且隨眾貌

夾片

上夾棍

使夾之

用夾棍夾

夾之 鉗之

織的打頭敝

叉頭下木完子

收枝

臨門

簆頂 織機的筐外周圍張放的木名

夾牙縫

夾攻

五十九

五

下班之下

有禮法

則例館

儀制清吏司

辦例處

例

法制

疏淡

椴樹皮

燒成灰燼

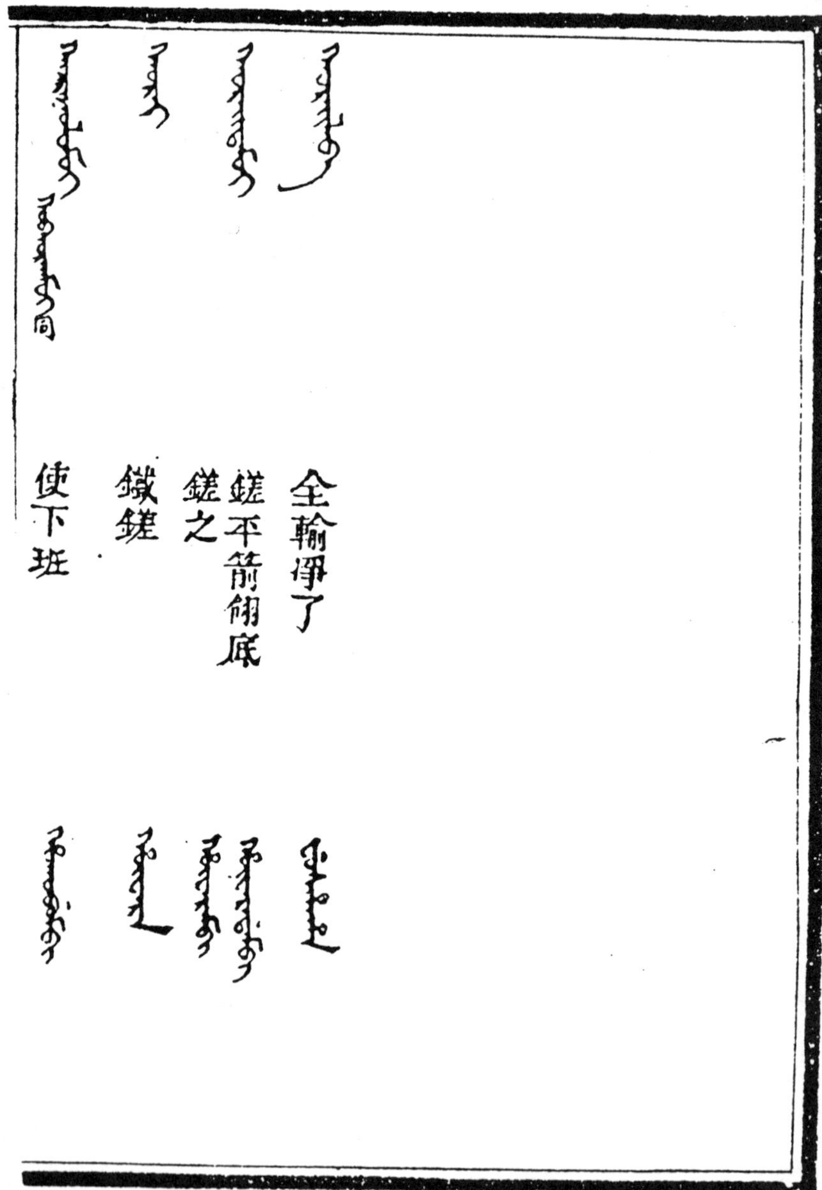

全輸淨了

鎈平箭翎底

鎈之

鐵鎈

使下班

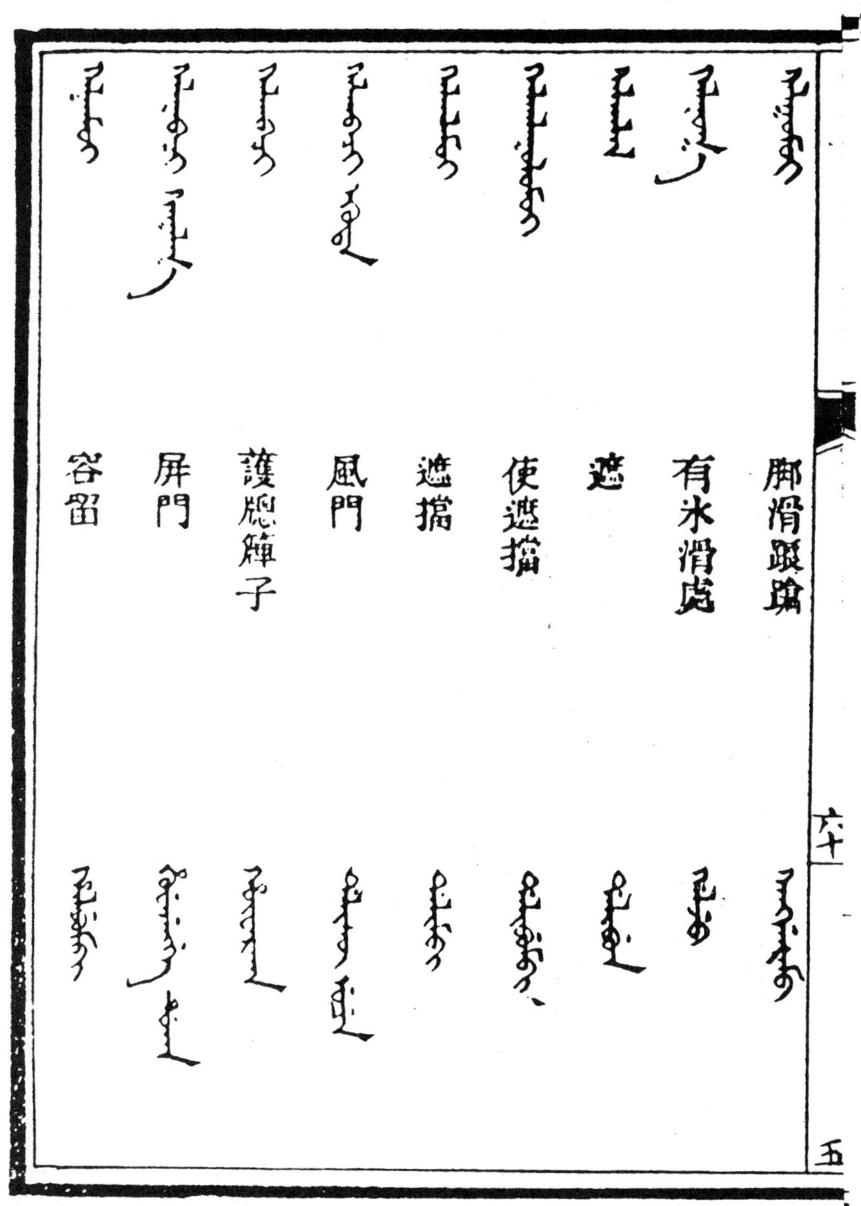

脚滑踉蹁

有冰滑處

遮

使遮擋

遮擋

風門

護牕幃子

屏門

容留

六十 五

鰼鯉魚膘貼

粉粘粉眼退嘛馬 麻鴨

蒼术菜 其根即蒼术香

杉木

比魚目

戧殼子嘴 水鳥名

用匙舀

匙子

屧滑

物捉住復脫 將及不及

沾污了

污澱

好攬事

慣攬事人

致於習染

習染

來侵犯

侵犯

六十二 五

瘡疤 艾疤不生髮處

磨去兩旁之背式骨

毦皮衣服

介撇浮油

撇湯上浮油

車壓硬地聲

一跐一滑

滑倒

冰泥偏坡跐滑擦

魚翻躍狀

待人親熱狀

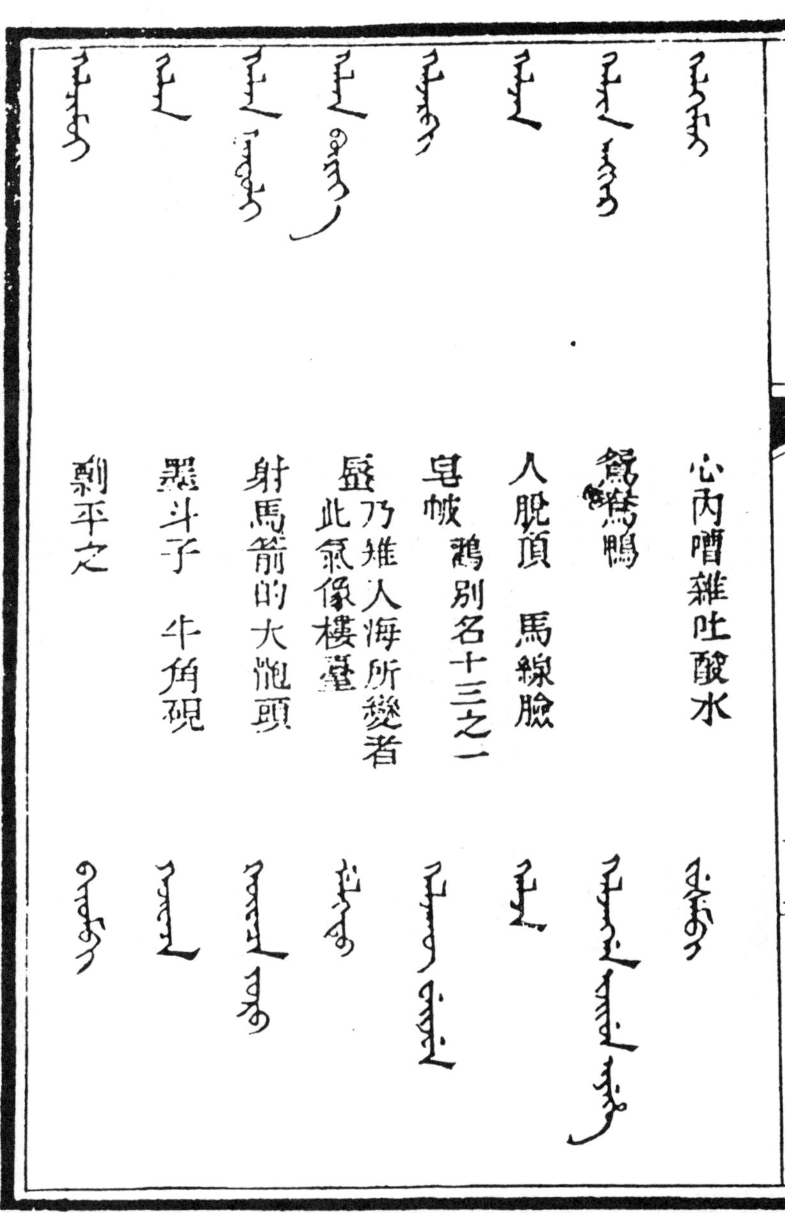

心內嘈雜吐酸水

鴛鴦鴨

人脫頂　馬線臉

皂帔　鵝別名十三之一

蜃　乃雉入海所變者此氣像樓臺

射馬箭的大骲頭

罌斗子　牛角硯

剷平之

同共與

鼻塌

物弄扁

凡物壓扁

葶藶 葉似芥花淺黄生扁角

蓬蒿 展開生花如柳絮風吹即打滾古人看蓬蒿做車輪

黄蒿子

物破碎

粉碎之

凡物裂開使歸攏合縫

附庸（小國也不能自達於天子須附大國故曰附庸）

兼 合併

合歡花（花結成穗上半白下半紅人秋生英一枝柔葉小夜則連結一處遇風仍開乃花之奇異者）

統之 總之

共同

一同 協同

同知

同考官

鬪機鋒 言語牽連

拘拳 拳環

勾頭瓦

有鈎的

挺鈎

帶鈎眼錢

鈎子

諸犍 異獸出單張山似豹人身牛耳一目長尾卧則蟠尾行則銜尾

犍獸 諸犍之別名

勾爬長毛

草木叢雜

外勾子色 貫跤絆子名

鷄鳴

韭菜

雌雄鷄叫喚聲

粉飾誇張

驕矜賣俏之人

鍬根鈎鐵

味辣

樹畧枝少無杈

無枝杈之光梃樹

槽碾臺

鼻凹 馬槽口

餓的心裡發慌

沙漠瀚海

美人菊花 異花如菊單瓣紫白二色葉似[illegible]美人蕉

標致好看 俏

嘆惜

憎嫌厭惡

竈王馬兒

鍋臺

驢駒子

蟈蟈兒

以骲頭墩之

骲頭

辣些

直竪竪跪着

箭釘在獸身上

腰直流

水細流

槐串兒 雀名

使勒索 令爭添 使復告

勒索 得後爭添 告而復告

白要 白賴

形容 居年神第二十 殿凶神掌病愁

嘆

小河溝

冀倖強奔

眷戀

頻眷戀

急急慌慌僥倖尋求

無指望

粧飾容止

喂鷹肉

直而高

蜀雞別名二十二之一
下身大毛俊者曰蜀

文禽孔雀別名六之一以
其毛文雅故名文禽

女鴎鷦鷯別名

俊

熈[illegible]板上轉軸金絲

煩人之煩
央人之央

煩央

討化

乞丐

謅市語　打啞謎

鴀鳥　大如斑鳩綠色又一種青色者可敬其味甚佳

太細而高貌

割去庄稼剩下的楂子 新鑑改

窪處微高地

冠雉 雉中小如鴿子群飛者曰冠雉

野鷄[illegible]

雉尾扇

紫草

野鷄

泉流不斷貌

六十八

五

嗖鼻語狀

馬肚帶上折舌

細高貌

水射流不斷貌

拏住的賊跑脫了

天鵞叫

緶線的縧子

線縧子

帽提襞

溝渠

箭近中聲

下攔河網

攔河網

狗頸支棍

雀鳥翎管　穀楂子

翎管　麻楷梃

獨豹　鵏別名毛有豹花

容顏清減了

雀鳥脫毛

脫毛雀鳥

讙　異獸出翼望山彷彿貍三尾額上一目能效百種聲音

獨春　鵏爲別名以其頂點如春故名

鼯夫

大淵　塚

女朝衣領上掛的金牌

新改

瓜瓢

丹陛大樂 筵宴日丹陛還宮及諸宮謝恩所奏之樂

禽鳥盜尾

排山柱

斜頂中樑木

燈草 可織席作簑衣蒸熟取其心做燈草

河 入姓[illegible][illegible][illegible] 乃[illegible]音字 凡樹木之中心

模木 生於周公墓其葉春青夏紅秋白冬黑得四時正色

牲口生了蛤眼虫了

河這邊

中允 官名居論德之次

河廳

帳房穿堂

明間

雙鸞菊花 花甚密朵如僧帽內以鸞雙頭二翅一層

合渡河

人倫之倫

甬路

裹脊肉

繡嶺 在盛京海城縣

丁香花

河泊所

河燈

河道總督

河那邊

河防科

河工甲

螺螄

獬豸冠 古執法官戴者

獬豸

紅肚小田鷄

白鷄 江南人呼白練雀曰白鷄

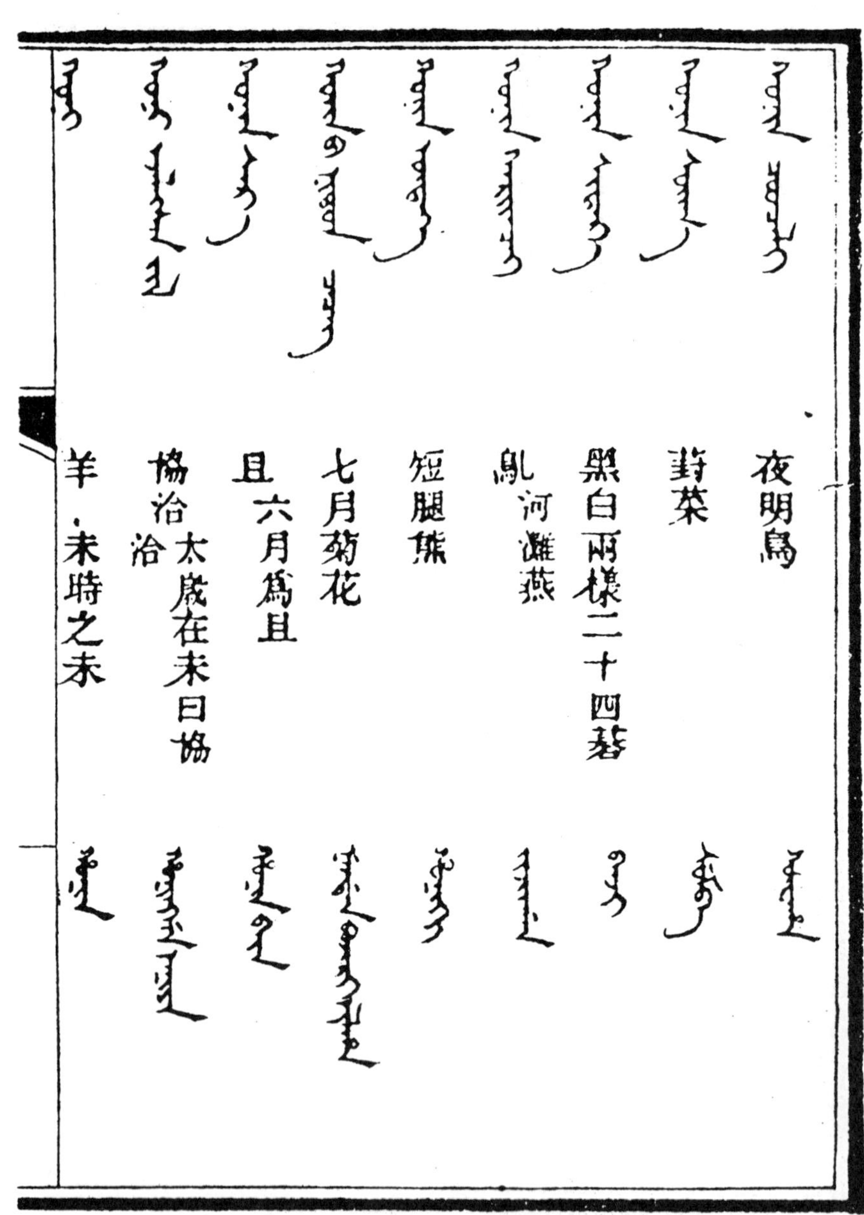
夜明鳥

對菜

黑白兩樣二十四碁

鳦 河灘燕

短腿熊

七月菊花

且 六月爲且

協洽 太歲在未曰協洽

羊 未時之未

捶腿大上 騸馬名色

徒然

[illegible]哈聲

穀米

一站路程 宿處

鷄架

樺皮墊 上圍下方匣子

剪紙

細狼 鷹名

重舌

咽喉

虛空 分兩名十虛空
曰六德

無極

空

空空的

空過

落空 空着

紡車上 騧馬名色

呼嘮鷹 楚人呼木兎曰呼嘮鷹

龍吟

小兒貪睡老人愛惜哄着不叫他睡

小兒肯睡 小狗兒

管 樂器名

中間

閣脖

貪嘴者

頸項

草木死

刮箭桿

悄語狀

刮箭的鎊子 木形如半竹

信天緣 莊別名二之一此鳥終日立水中而不移俟魚過而食之

顏色變白了

荒山

喝獸聲

那父 異獸出灌題山彷彿牛白毛聲似人喊

碩鼠

寥寥無幾 蕭條

荒年之荒

往下射箭

自險處下來

公道楪

倰木

二歲野猪

柳礶

低聲語狀

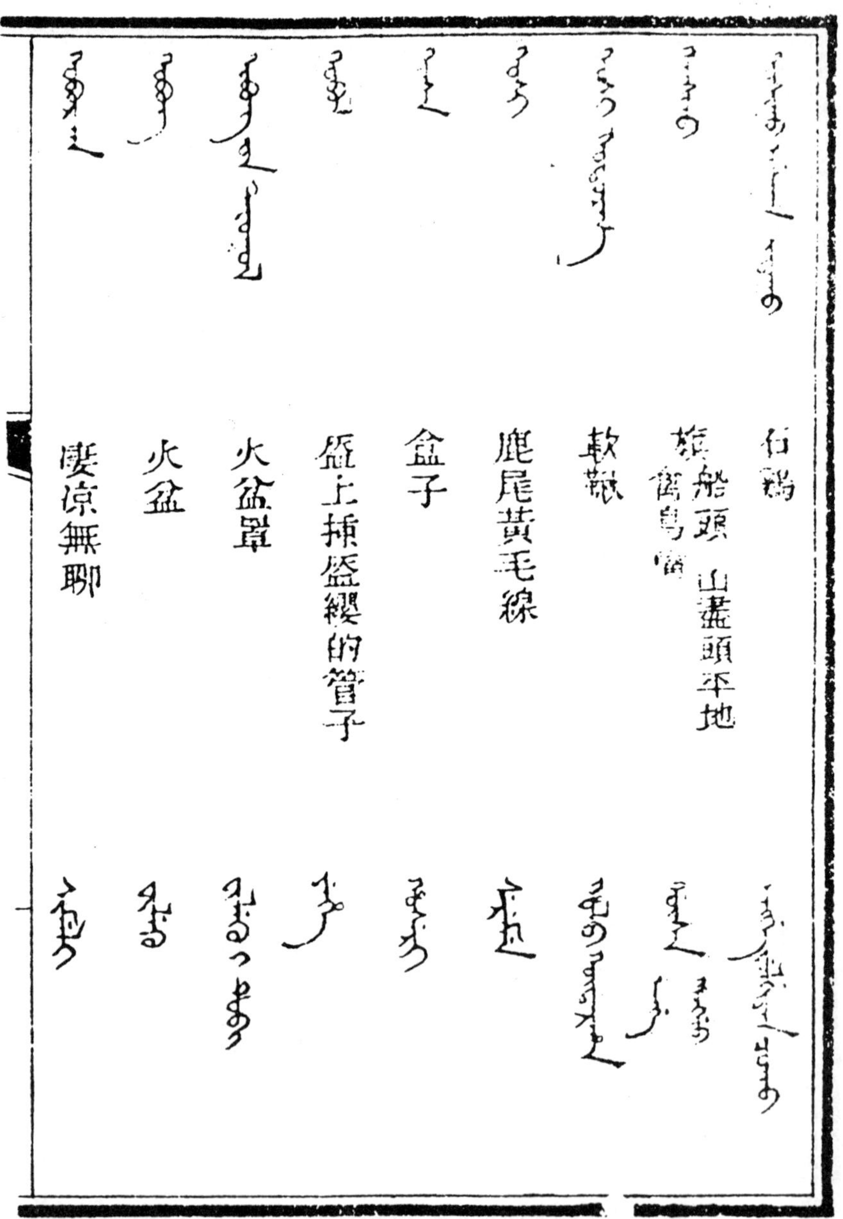

仙鶴

旗船頭 山盡頭平地 衙鳥嘴

軟鞦

鹿尾黃毛線

盆子

盔上插盔纓的管子

火盆罩

火盆

淒涼無聊

日班之班

都統科

都統衙門

都統

縣君儀賓

固山貝子

協領

縣君 貝子之女

大馬门舁棵

郡主儀賓

和碩公主之夫和碩額駙

親王福晉

和碩親王

和山花 異花本如杜色白應二十月閏十二瓣遇閏增一瓣

果松樹

繫遂 幹粗大葉如檀葉微小

野湧豆

各二

犰徐 異獸註同前

徐獸 犰徐別名似兎鳥喙蛇尾鴟目見人則眠出餘莪山

大披子箭

石碓嘴 上梁畫頭處

盔纓頂 纓頂 箭鐵寬肩

鬬笑

戲謔

說戲話取笑

郡主 親王之女

壇場 搭棚念經之處

能肝魚

通積倉

普遍

城

鼈封 并封別名異獸似猪前後兩首色黑善食毒草

稜子米

小披子箭

斜包之

胃口 乃肚頭上有口者

肚子 胃

四不相似

弓挿口凹處

椰子冠 古冠以椰子作者

窪地

化銀礶子

鶡鴠 似鷄晝夜常鳴至仲冬月不鳴

城守尉

七七八 五

使達人

親戚生分

踈遠

耳順風 形似喇叭而大用以嘹近並人之具

遠

回子學

回回鳥 福建人呼子規日回回鳥

并封 獸獻出巫咸山似猪前後兩首色黑每食蒲草

母鹿

騰遠 異獸極耐跑遠

賀蘭刀 賀蘭國所進之名刀也

過遠 鴿鷂別名

遠器

明遠樓

徠遠清吏司

柔遠清吏司

遠方者

遠方

七十九

五

攙雜

攙合攪合一處

使泡湯

用湯泡飯

豆麵子

攪雜

羹湯

草珠米

令攪

令攪一處

食指

春鉏 鷺鷥別名以行淺水首低鉏如耘田狀故名春鉏

沙犀兒別名

沙鷗 建華鴨別名

獲洛 其獸大如須毛黑潤貪食大飽後入林兩木間夾瘦以化稍化食復出而食

牲口的夜眼 馬前腿裏面兩個不生毛的圓肉眼

抓鬼氣

放下卧兎帽沿

女腦包卧兎帽沿

烏他 以奶油攙糖水攪合凝定後吃者

蠟嘴鳥 即梧桐雀也

土螻 異獸出崑崙山似羊四角食人

臨產

條陳 列款

告後又告

得後重索

闊場

馬蹄縮了

日晒田禾發蔫

射獸中非致命處

行走落後了

凍的臉白了

花痜瘢

禿頭

會稽公 鷄別名二十二之一

亡故了

存下了

令存下

令存留

存留

八十二

五

二梁冠 古冠上起二道梁者曰二梁冠

二月二日

兩刃斧

二

第二

兩位 兩個人

乾樹梃子

至於遲

遲

八十二 五

傷損 殘害

致於傷殘

傷殘

窮透人

不二心之不二

三心二意

二次

二絃

兩儀 陰陽謂之兩儀

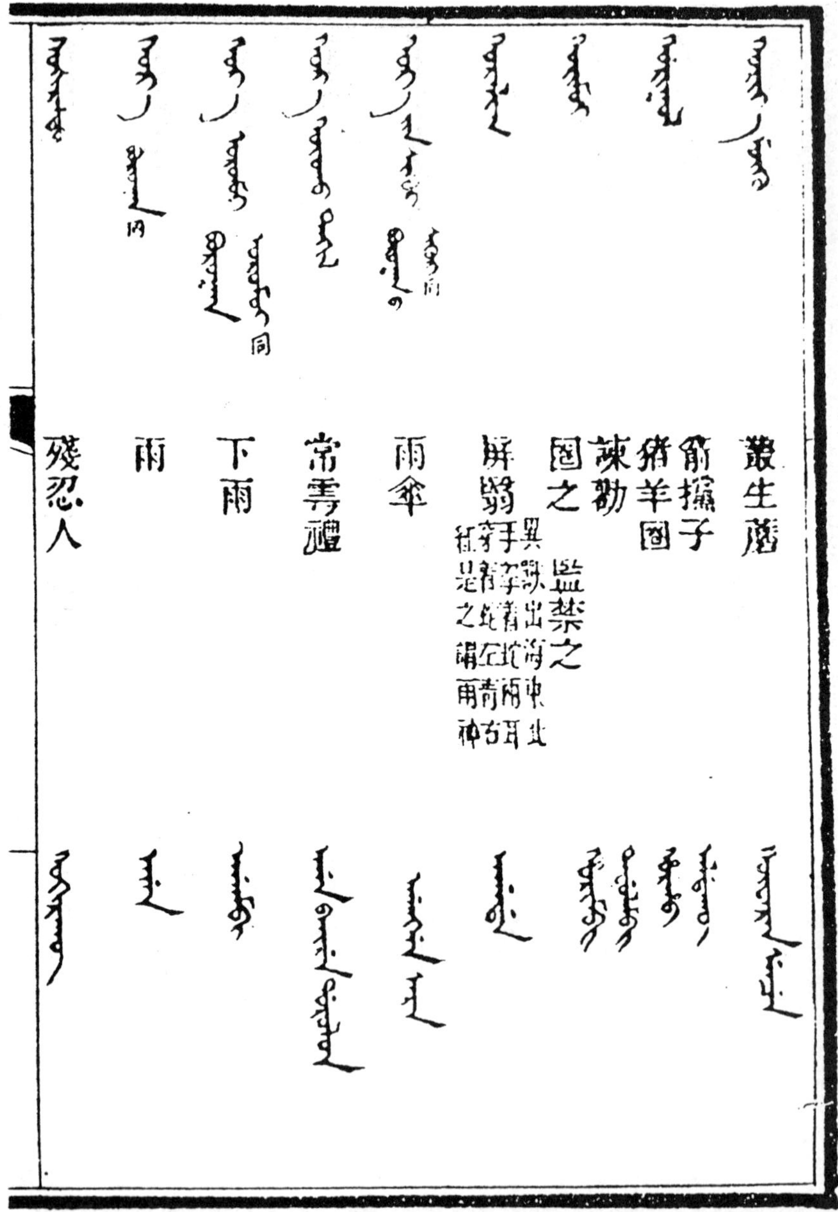

叢生處

箭擺子

豬羊圈

諫勸

囹之

監禁之

屏翳

異獸出海東北手拿着蛇兩耳穿着蛇左青右紅是之謂雨神

雨傘

常雩禮

下雨

雨

殘忍人

令賁備

二十次

二十

各二十

尖網

敔 樂器卧虎形背上有齒櫟此齒以止樂

營盤

圍圓

圈之

八十二

五

蚩

榧子 果名味似松仁形如橄欖有殼與菉豆併食傷人

刺客

損減之

令損減 小河 院子

損之 減之

醉春花 異花幹細葉綠花密色如海棠極嬌豔

入聲

責備之

一齊愧恨

愧悔 怨

可愧恨

愧恨

生了蝨蟣

果生[illegible]了

馬之賊尾子

蠔子花 洪花出黃州山谷中

蠛蒙 蠛蠓蒙別名

切[illegible]

八西

五

腫消了

使損減

損減之

令損減

榲梨

毒藥

傷心

螫的疼

一齊愧恨

損友

鳥翅環

弓鞦

須臾分兩名逡巡十之一

虎斑蝨

虎斑鵰

眼中生翳子

使傀儡

[illegible] 異獸見則有大風 似猪頭黃尾白

燎毛 烘燎箭桿

令燎毛 荒火未燒地

厚皮老猪肉

人之頭皮兒 草坯子

筋斗柳 騸馬名色

揁柳 騸馬名色

斷後

後 同此係楚語

細鱗白魚崽

後母

後面

畧往後些

夜祭七星

往後

不守分妄爲

人胡動亂行 乃以鷄長尖尾毛不抱蛋鷄也

淮旗藍幅中心綠緞上綉有波浪形

打圍攔獸令回

後來的

搧鞍反背 騸馬名色

後鞍鞽

廂座 房之後厦也

北新倉

下月

後年

後股 [illegible]章內中股後之後股

[illegible]日

楦馬皮焚祭

洲渚 水中陸地人物聚息處

畏縮 狷者

日後

將來

炕裏邊

攤煎餅

煎餅

衣包下來了

面貌齷齪

鉛

野猪大腸

棲止　戀住

駝馬等畜的糞

下趟網打魚

竪櫃

侶鳳逑　相思鳥別名

撒袋上的攏撒

八十八　五

夥計 朋儕

混攙合

使拌攪

夥同 共合

拌攪之

合拌上攪之

毛稍勻了 拳環

鯖鮭魚

鸛兒 鸛別名十三之一河南人呼鸛曰鸛兒

雙雙 異獸出流沙水之東三獸并成一身蒼跑色黑

甲裙 皮布等裙

走山根

衣前衾角

天涯之涯 山根

羅緞

羅

女裙子

衣襟兜之

戲班子

影種地

合影

喉堵聲

抽嗑稀物

熏黑了

熏黑

滂沱雨

大水瀉流貌 沛然

一齊飲

被侵漁 被尅扣

使侵漁 使尅扣

侵漁之 尅扣之

令侵漁 令尅扣

枉然

膀臂 兩膀

賺頭兒

留賺手物 背地落販財

丹[illegible] 小灰鶴之紅嘴

簷冰稜

洛如花 異花彷彿竹花子如豆角

黃馬

雨水內起泡

紫鐸花 異花生叢草中形如懸鐸其色紫

人畧有風采

虞美人 花名

貌陋無氣像身小之人

搖的鈴鐸 樂器

馬鴨 舊名飛鳴鬼今改爲此好飛鳴

玉鈴花 異花幹高大花白如鈴色香

船頭

神鈴

馬前身矮低着頭走的馬

秋風子 異果形如鈴

水凍成凌

衣破零落

結成豆角了

槐樹

豆角

衆銅鈴聲

銅鈴聲

發獃狀

鼻準子 撒袋弓靫鉄鼻

白頭金鈴 雀名頭淡黄頂花

抹去之

大失所望之大失

着實短少之着實

人瘦了眼陷進者

銅鈴 色花鳴聲嬌如銅鈴故名

衆鈴響聲

榫子活動

[illegible][illegible][illegible]淍狀

山上土内小石子 礌石

耳孔 樹孔 鎗炮堂

[illegible]木筩子

細莖菜

出痘落痂之落

齊啃青

馬啃青

家道便當

扑落

有產業 有根

渣滓 根株

糞土 塵垢

殘餘根 田中草渣子

雙篷舶船 舨船名

雙料葛布

土方

成對 成雙

燈聯

對聯

雙俄弓

文

雙對偶

合手吹哨叫遠處人

大腸頭

雙陸 戲具

雙篆 又名墳書開時合嫁娶用作符信之字

雙着

雙頭鹿

成雙

河豚魚

黃雙龍扇

使揭開

揭開之

令揭開

磨毛皮板

令剖開　令除退

使揭下

使剖開

揭下畫等物之揭

剖開

魦魚

纏絲金斷狀

忽然瘦了之忽然

貪汚之

貪汚之貪

狍鴞 異獸彷彿羊人而人指目生於腋寄食人出鉤吾山

箭匣

銀鞘

行讒間 學舌

調唆人

荒唐人語無倫次

辭別 離去

漆乾跳起 紙爆起

車轍

礓然 衡正中聲 猛壓狀

忽然瘦了 全斷狀

讒謗

使讒謗

讒 調唆之

九十五

五

琵琶骨上的水肉

僧官

僧錄司

僧道科

和尚

議政大臣

叅賛大臣

會議

議

毫 毫氂之毫

麅鹿驚叫

水流有聲

狂風

大水盛貌

[illegible]豚魚

[illegible]揭樺皮

行事疎畧

疎畧

鵜鳴

言語鋒利

小兒强狀利便

用話來欺人

傷心

蛇信子

受了傷了

澌苦

馬眼尖鼻出聲

馬眼岔鼻出聲

損害人的人

賊害 損害

賊害之 損害之

搒藥

猛獸

炒豆之炒 同

炒之

令炒

馬兒愁 獸似犬含水而[illegible]馬目馬則瞎

反復無常

畏避之

彎弓

車頭上鐵圈

靴溜根

四六 或四言或六言
對句之文

四書鄉愿德之賊

之賊

成對

鐵合葉

釣魚的漂兒

使匹配 合連着縛

匹配 連之

雙 連着 結親

兩雙山 在盛京海城縣

連字

鐵鉤搭 鐵縱

扯耳

只管來回走

新樣手帕

物爆起硯硯自脫

苛虐

使苛取

苛扣取之 侵害之

躲閃

關係 被人事牽累

減之

畧小

小

痘落茄

蕎麥皮

鍋子 樂器形似鈸大如碟

使備駱駝屜

備駱駝屜

駱駝屜

減下來

損卦

蒙漢滿文三合
中華民國二年六月出版
(北京正蒙印書局印)

樹枝等物活動軟顫貌

三角獸 異獸生有三角祥獸也

頻嗟嘆

大家嗟嘆

一齊嗟嘆

嘆 人以幽鬱悒感所作之文曰嘆

嗟嘆

三歲虎

三歲牛

竟入

玷辱 叨 忝 累 不爲酒困之困

玷處 疚 累處

三層兒 射鵠子的三層

第三

花草蔫倒了

槽礙臺

會票 爲取彼處物在此處給遲立文約

取彼與此 凡物暫換仍舊歸還

沿途

低頭 亂撞

綿綿的戥秤稱物稱的低些

伏首 低頭

槽頭肉

荷苞等物繫子

牲口前低後高

玷處 累處 疚

靴子

各三十

元孫

黃鸝叫聲

麪茶

麪觔

麪

墜崖 滚坡

自淵上陸往下游墜

自上往下趕殺墜崖而死

乞求

求之

合求

徇私

私

人大腿　牲口後腿

昆孫

鈞　三十斤爲一鈞

三十

三十次

哨天雀 大如燕毛色彷彿鵪鶉

箭去不平正

釘弓把

木鏇石

餓過吃不下

龍蛇擺尾曲行

婦人搖擺着行狀

公鷹了

轉煩之 囑託

轉煩

轉煩 囑託

煩求

討化

乞丐

烏鴉叫

鴨叫聲 蛙鳴聲

三台字 乃從字以三個連合之處對滿漢音

三藏

三旋兒 古兒名要三旋者

三梭布

三

獂 異獸山乾山術狀牛三足

三次

第三

各三

伐星 乃參宿中三小星之

三則緞

三通館 纂修通志通典通考處

三梁冠 古冠名起三道梁者

三跪

三教 儒釋道曰三教

三眼銃

管理三旗銀兩莊頭處

三旗製造庫

五

六

緐綖

裨褍捏褪

三稜四稜

芙菇蕈

爵 盛酒祭器三足金 王俱有

三庫檔房

三禮館 纂修周禮儀禮曲禮處

官三倉 共三倉屬內務府

三法司 刑部都察院大理寺為三法司

衆鳥飛鳴聲

央求

窮苦人胡亂求人

張口答應不來

鶻鵃 雁別名十之

空身

雁鳴聲

賦歛

使徵歛

徵錢糧

賦

車上小鞍子

使搭屜

馬上搭屜

奸細

縱 直豎

水一道細流貌

言語眞爽利

一蹴一滑

氷滑處

一齊溜氷

一齊溜氷

溜氷

氷鞋

嘔吐

曲動

草木蔫了

馬生了低頭難病了

城門洞　橋洞

涵洞

水行地中

鑽營

雀鳥鷹攏翅飛

頻展眼　鳥攏翅飛

致於折

折

面皮有縐紋了

控摺子

衣服摺子面皮縐紋

衣服之服

忽 絲分兩名十忽爲一

酒狠辣

暗怒

鐵口琴

撣絲綫之撣

使定限

定限

限期

使撅

撅

改變

變動之變

良心

天所造就

造就的

做衣裳放出分兒之分

分例之分

內府佐領

地之磈段

皮衣料

茶酒壺

變更

致於心腸變

心腸變之變

將人之財尅抑取之

損人利已之損

分司

學錄

平分　均取

分散之分

滑石

仙樹寶 異果出鄂達山樹最 味有四樣竹刀剖則甘 鐵刀剖則苦禾刀剖則苦 葦刀剖則辣

狗蠅

神祇

致於改變

肯變卦的人

不改變

瓦瓏溝

壺 觀象臺下安放漏壺之壺名

小刀子

全輸淨手

刮鰾

刮皮的鉋子

戳錐子

使刮毛

醋心漾酸水

刮毛 刮泥土

介刮毛

樺皮

核桃

拉揪反背 自此以下共五句俱騙馬名色

殺死成堆

堆糧食

做親家

結親

親家

騙馬超稍小硬弼

小刀亂扎之

小刀扎之

兩賣

以有換無彼此買賣

使賣

賣之

虛

掙鞦大上 以上皆騙馬名色

歷鞦反背

過鞦反背

拉鞦雙蹬上

有些謊

謊

買辦處

買之

使買之

街市

買賣

使做買賣

做買賣

十二

六

賊盜

賊

狐

黑鬃黃馬

抹鞦射

鞦

呼圖克圖 怫扨出世之喇嘛也

諄

虛假

白超 似鷂鷹而小無本事

被偷

偷

夜食鷹 與稱木兎曰夜食鷹此木兎别名五之一

慣做賊的

腦後髮際

腦後枕骨

捕盜廳

管轄番役處

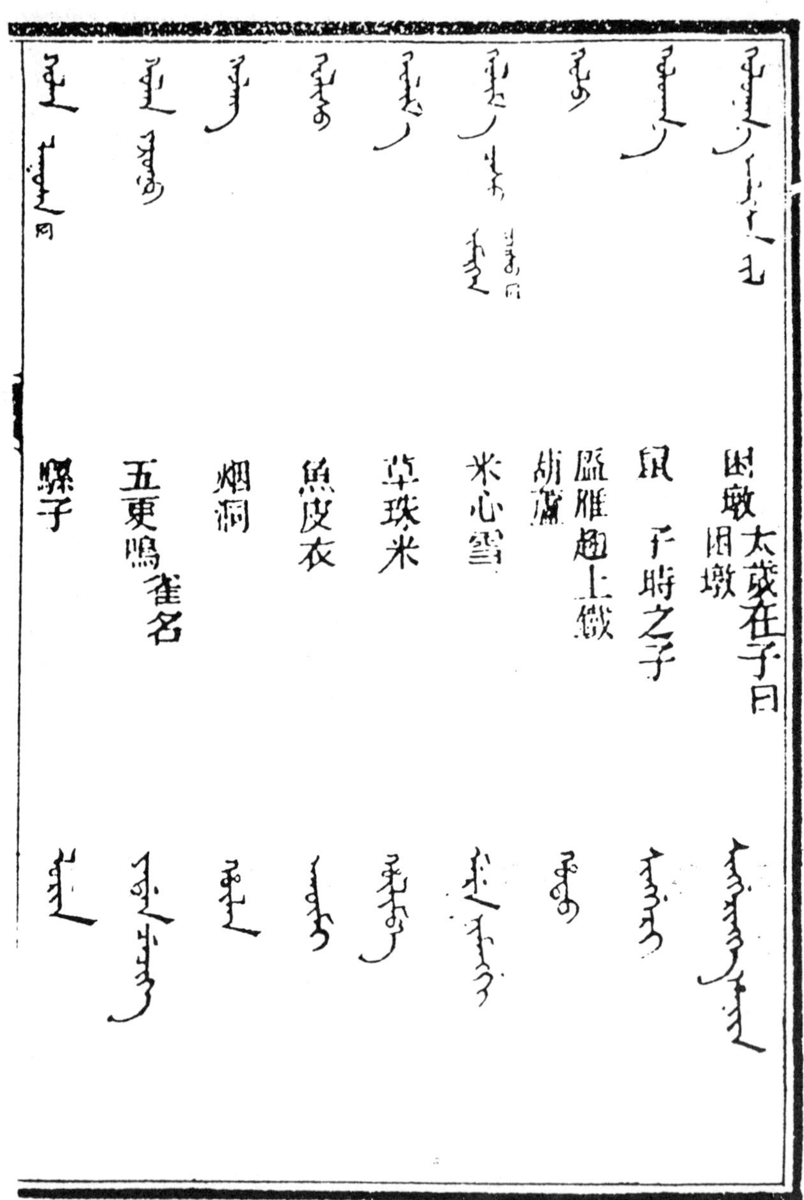

困敦 太歲在子曰困敦

鼠 子時之子

鴈雁趨上餓

胡瀛

米心雪

草珠米

魚皮衣

烟洞

五更鳴 雀名

蠓子

竹笋

竹子

竹板

夾竹桃花

蘆葦

杭洞裏刺剌

韃皮 耳機

鼠麻

野韭菜

辜 十一月爲宰

笪繩 拉船之竹繩

蘆花

竹口琴

鞋喳子

竹鼠 出四川似小猫食竹根

箬蘭 花如蘭色紫不香

竹料連四紙

竹珠

竹鷄

狐子

瓢

高祖母

高祖

燒半生魚與

葫蘆頭 鳥名

竹馬

竹板子

殷絲盒

狗咬

未騸羊

鳳仙花 指甲草

指甲

使包裹

包裹之

令包裹

潮金

雀木 木兎別名

五之一

鹹鹵地

鹹鹵

汗污瀾

褁小兒的布單

蓋之 掩門之掩

合蓋 合掩

方頭鞍

蠟嘴雀 即梧桐鳥也

狗齊咬

聚會之會 集處

莫根菜

柳葉兒菜

使聚會

聚會 齊集

穿甲

穿的甲 馬甲

手足筋疼

手足筋疼

罵人淫猥

收 居値日神第十在成之後既成而必收故曰收此神所値之日曰黑道

敔 樂器臥虎形背上有齟齬此以止樂

收掌官

收斂

使收藏

收藏

防禦

雲騎尉

摇會

筵宴 排宴

光祿寺

精膳清吏司

宴 筵席

滛

貪滛

歸總

數之總

畧收些

凡物四面風吹

頂針

奶餅子

轉着捽輪

敵不住亂動

五指皮把掌

諢拳

得一步進一步

胸岔小骨

手指

黃白鵰

乾草黃馬

擦地走聲

扯破聲

淡黃牛

沙彌僧 小喇嘛

花椒樹

隔溲 異獸名歪指多

忽然間 暫時

會 或山或廟大衆所作之會

文鶇鴨 彷彿羅紋鴨毛花

羅紋鴨

旋風

莫不是

王氐

烏鵶

腸鳴聲

馬鼻喘息聲

鼾鼻聲

拙食聲

筆帽　刀鞘

練鵲

快

快些

快之

痔瘡

節儉之

節儉之儉 過日淡泊

螐豹 鵝別名每莖梢自從其序

樹枝伏後復生

田禾二種

馬眼岔狀

行動強壯貌 牲口撒歡狀

打呼

箭頭砂 出雲南山中配藥染畫俱用

杜鵑花 出於山谷枝葉花蕊五瓣色紅如血

鋭鋒刀 此刀砍物甚鋭

鋭 快利

桔梗花

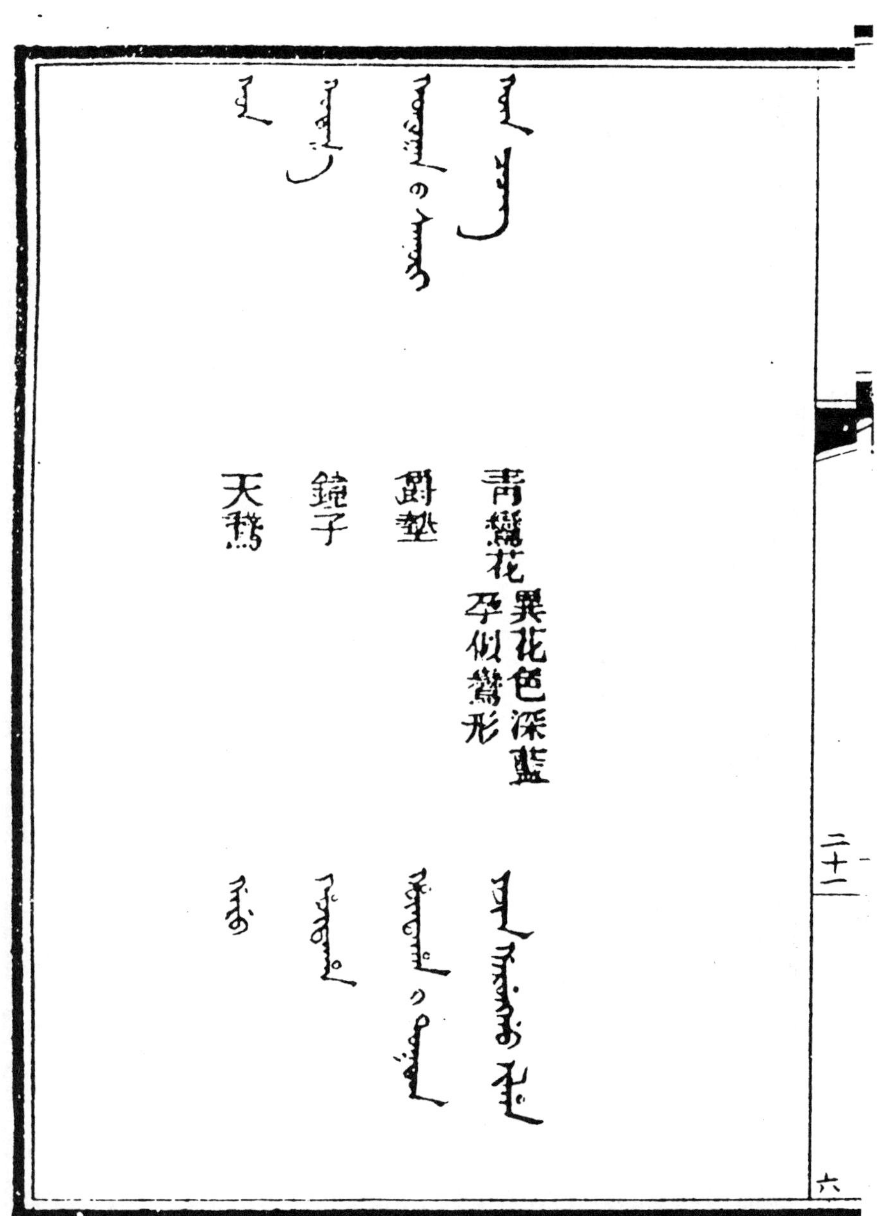



青鸞花 異花色深藍孕似鸞形

鬦墊

鏡子

天鵝

忽的睡着了

河岸水涮空處

慈鳥

老鸛 鸛別名十三之

井

亂混合

使混攪

混攪 混戰之混

合攪 合拌

大木杴

穿衣鏡

衣服

衣

井卦

淘井

同

抄手之抄

鴇母　牛[illegible]別名

使裱糊

裱糊之

二十二

六

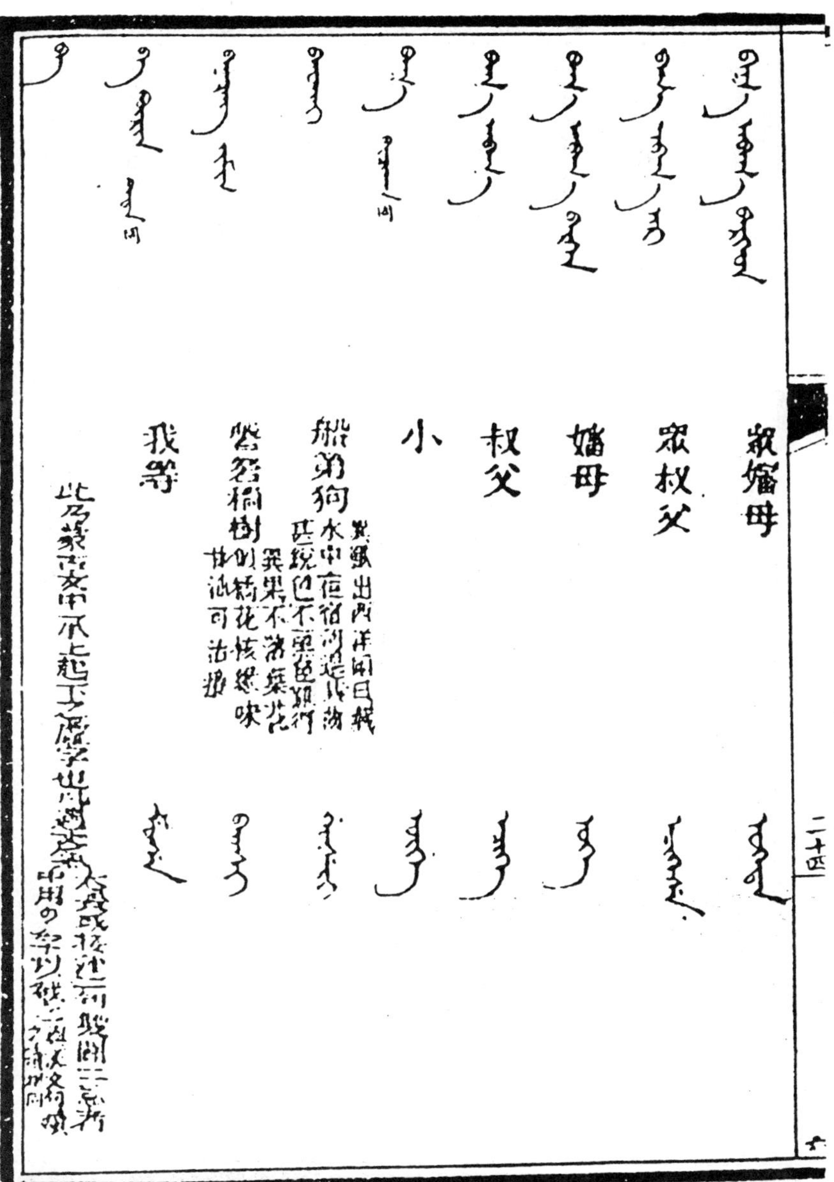

叔嬸母

衆叔父

嬸母

叔父

小

膃肭狗 此獸出西洋國日本 水中住的海[illegible]物 其貌似[illegible]頭色[illegible]行

紫荆[illegible]樹 [illegible]果不落葉花 [illegible]花[illegible]味 [illegible]可[illegible]

我等

此乃蒙古文中不上起下[illegible][illegible][illegible][illegible][illegible] [illegible]

倅花閃緞　草片金

小抄

伙房

小作　小用　雜

小象　易爻象也

小結　文章內名色

手摺子　隨手記事　小摺子

少陰

少陽

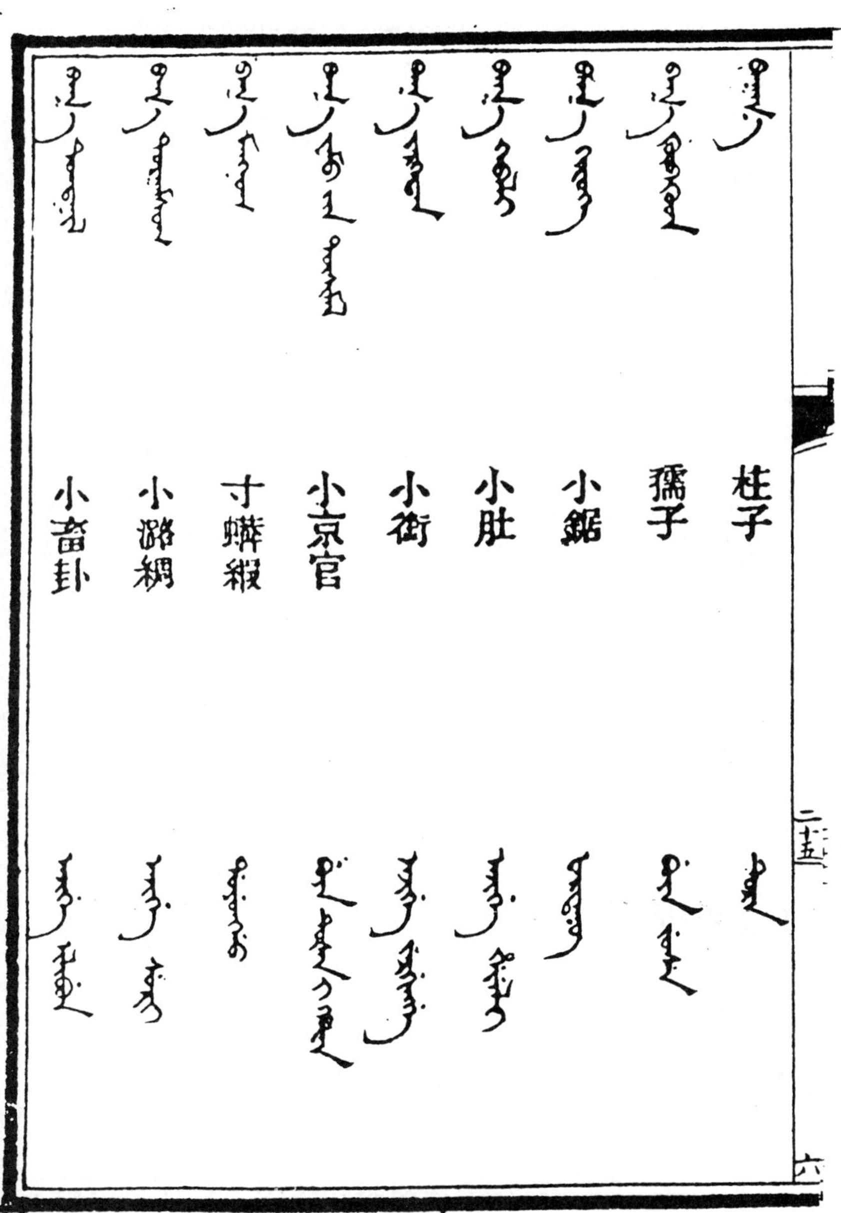

柱子

孺子

小鋸

小肚

小街

小京官

寸蟒緞

小潞綢

小畜卦

二十五

六

出大恭

糞結

屎

小些的

些小

畧小的

畧小

天秤

柱根脚

不過罷咧的口氣

稀罕

不稀罕

不足取 叫人丟味兒

嗓根頭

小的

會腿了

稍頭

頭

錄旨 六科將各處題本抄錄記檔

報房 掌提塘抄發各省事務處

令放下煖帽沿

令騰寫下來

使其下來 放下煖帽之放下

下旨意之下 騰下之騰

下馬之下

令下馬

些許 畧

好者

嗜好

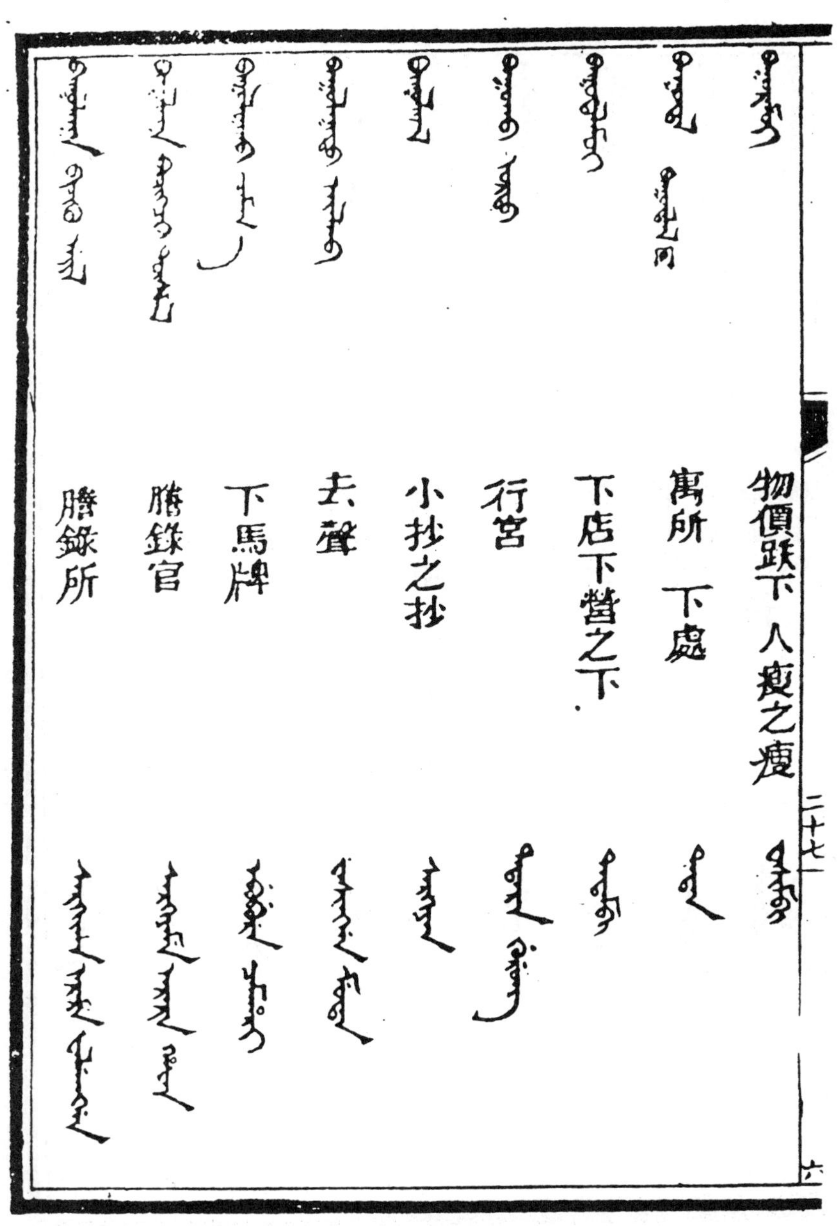
二十七

物價跌下 入瘦之瘦

寓所 下處

下店 下營之下

行宮

小抄之抄

去聲

下馬牌

謄錄官

謄錄所

六

吼病人

吼病

頂閣

店房

屋內地○隣里之里

虛弱

令減去

來下着

神來格

降級之釋

減下來

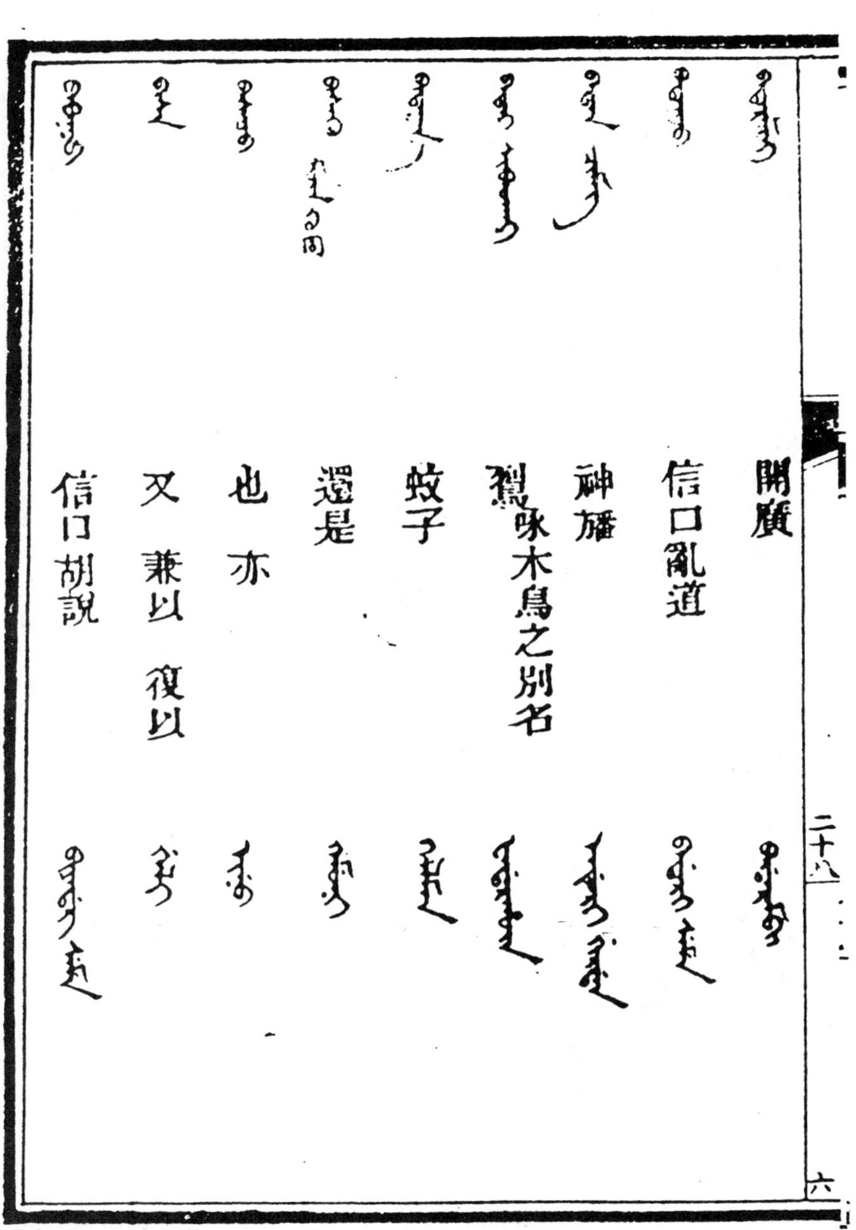

開贋

信口亂道

神旛

鴷 啄木鳥之別名

蚊子

還是

也 亦

又 兼以 復以

信口胡說

二十八

六

紫宮 太乙星所在處

天極星 北辰又曰天極星

元亨利貞之貞

堅固 結實

鉢盂

面目微腫

漸 推廣之推

火焰龍粧緞

撚蠟花 異花彷彿梅花色一咕嘟開四五朵花

使開廣

二十九

齊保舉

使保護 使保舉

保護 保舉

固守之

畧結實

楓樹

信記

節義女

貞女

六

至於給沒臉

給沒臉

塗抹字之塗抹

老胡塗了

石十斗爲一石

猪食

猪吃食

使堅固

相保舉

念喇嘛經揑的麵塔兒

手足失措

糢糊

荒 冗雜

昏沉

瞎子

汨沒

所行狂妄

狂妄

法術人

少停

畧畧 少給些之畧畧

少停之少 再少添些之再少

迷惑之術

坐靜

水樞梨

鼻角獸 異獸彷彿象足短身有斑紋鼻端有一角堅銳如鐵

冬青樹

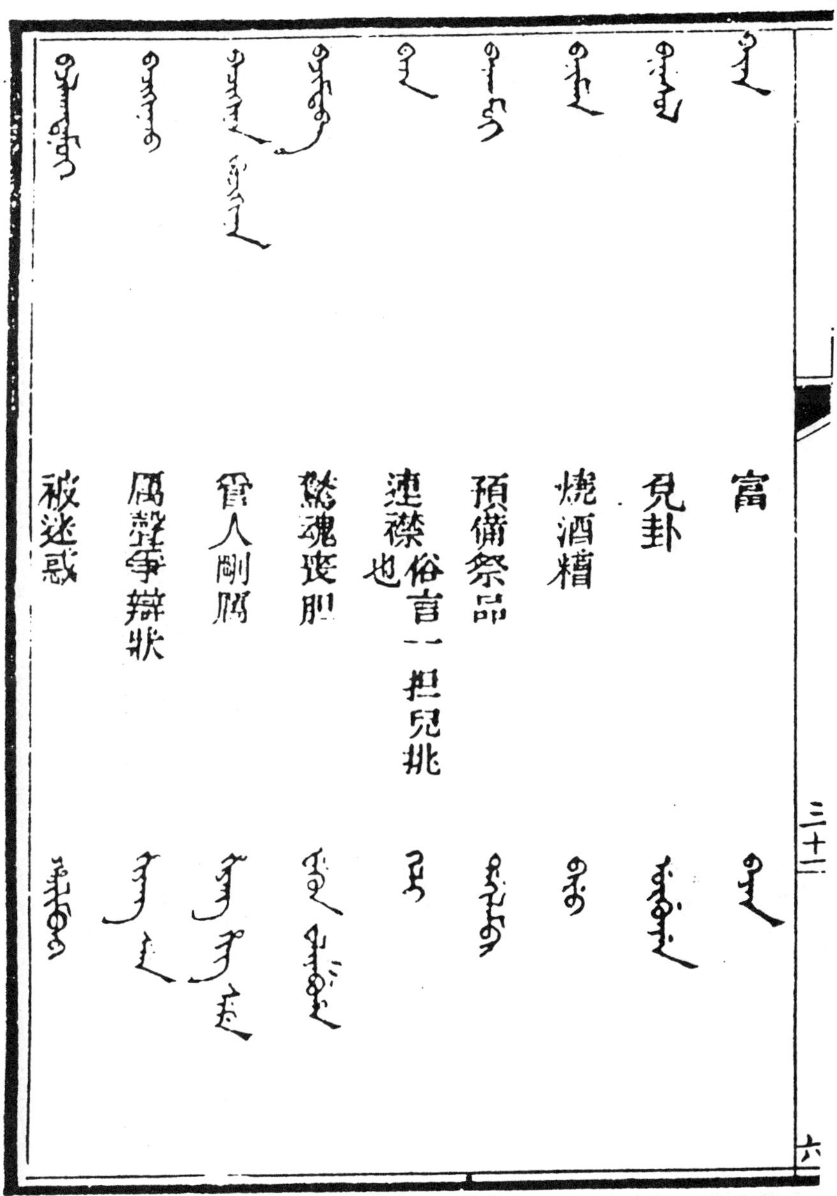
富
兒卦
燒酒糟
預備祭品
連襟也俗言一担兒挑
驚魂喪胆
貪人剛腐
厲聲爭辯狀
被迷惑

富之

致富

富了

富人們

喜

節令

慶成燈 內廷點的各色燈 新年燈名

鵲 嘴黑翅花尾花而長 兩翎純白彷彿喜鵲

喜

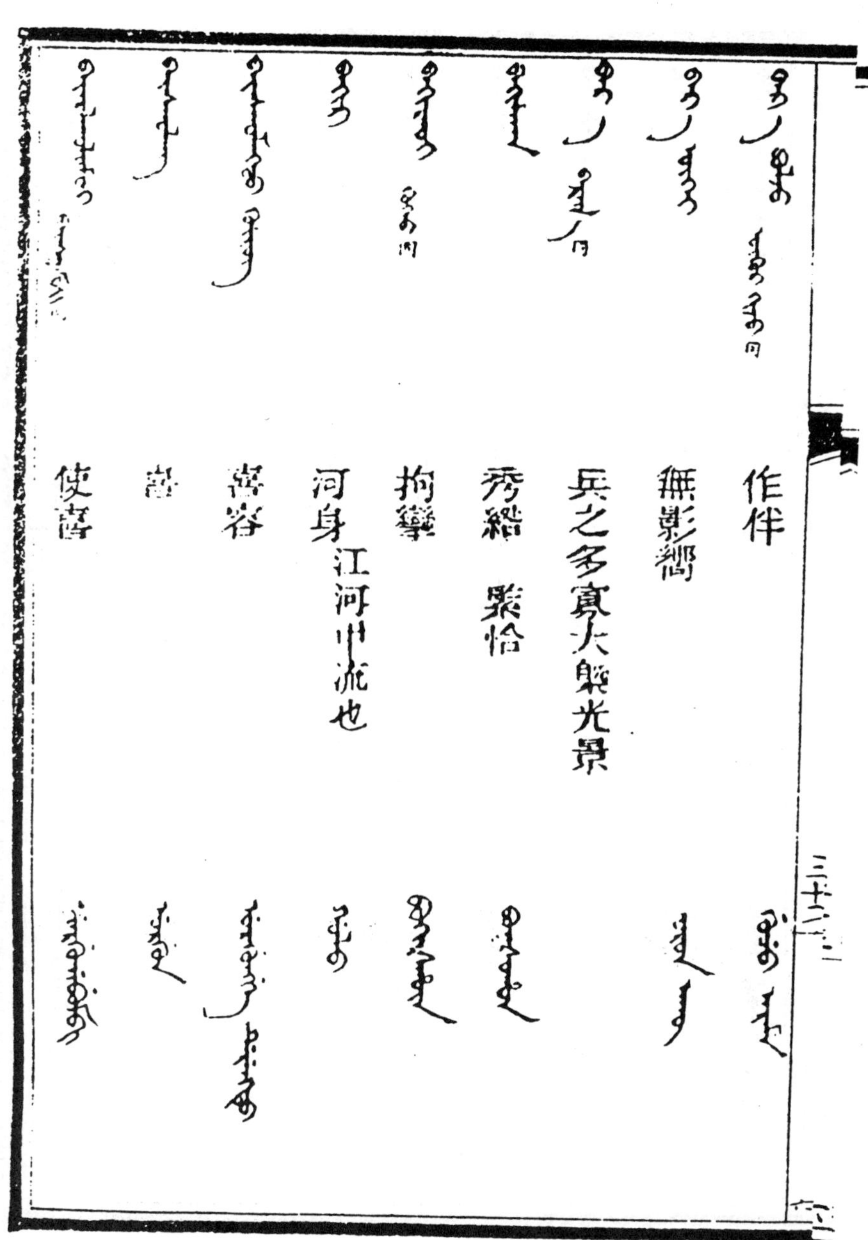

作伴

無影響

兵之多寡大槩光景

秀緖 裝恰

拘攣

河身 江河川流也

[illegible]容

[illegible]

使[illegible]

三十二

六

青璋 玉名 古祭祀所用

皂兒 鳥名

猢猻

元青

開箱

送衣裳過禮

將娶下大茶

房舍之舍

無踪影

貔 異獸出甘肅山似虎猪毛額花食此治癭袋

朝祭科

朝儀科

仰望 瞻仰 上朝

署青些

陰蒻 麻分五色各有名此即青者

灰鼠

縕緅 乃青布所作束髮用者

緇冠 乃以青布做者

西廂房

二甲喇

三甲喇

西文場

右翼

西域同文誌館

西什庫

右營

西

右

三十四

六

小兒生的順溜

朝廷之朝

直到完

完

無盡

完

將完未完之際

右詞

西藏唐古忒蒙古

令拏　使之分

令支帳房

拏　納進

支帳房之支

左右是左右

令拏

令支帳房

西洋布

小兒尿精

黑鷂　骨頂烏別名

波羅伽鄰提　佛經謂鸚鵡曰波羅伽鄰提

豹元　皂兒別名

射箭的準頭

紫草

只管拏着 凡學業不肯丟棄而勤習之

貢物

執壺

把兒皷

手把燈

有柄者

槊頭拏手

把子 柄

三十五

六

水來了

對摺跂

元亨利貞之利

懲驗

聘禮

瓦匠

獸齒椿

久不緝獲

度日善把持

三十六

影兒

氣色冷淡了

紅腫了 臉紫了

楝花 木本葉密花紅紫二種子小如鈴味香三四月開花

固執人

固執

拘泥

主持

凡物長短一把的分兒

六

渺茫看不明

豬肥了不下崽

房屋

白[illegible]

設立

罷呀

令人罷

有麽

兼程行走之兼程

路程

查點

令查

釘樁下廻網 魚探兒子

衆源總滙處

止之

有形像

彖傳

形像

正在間

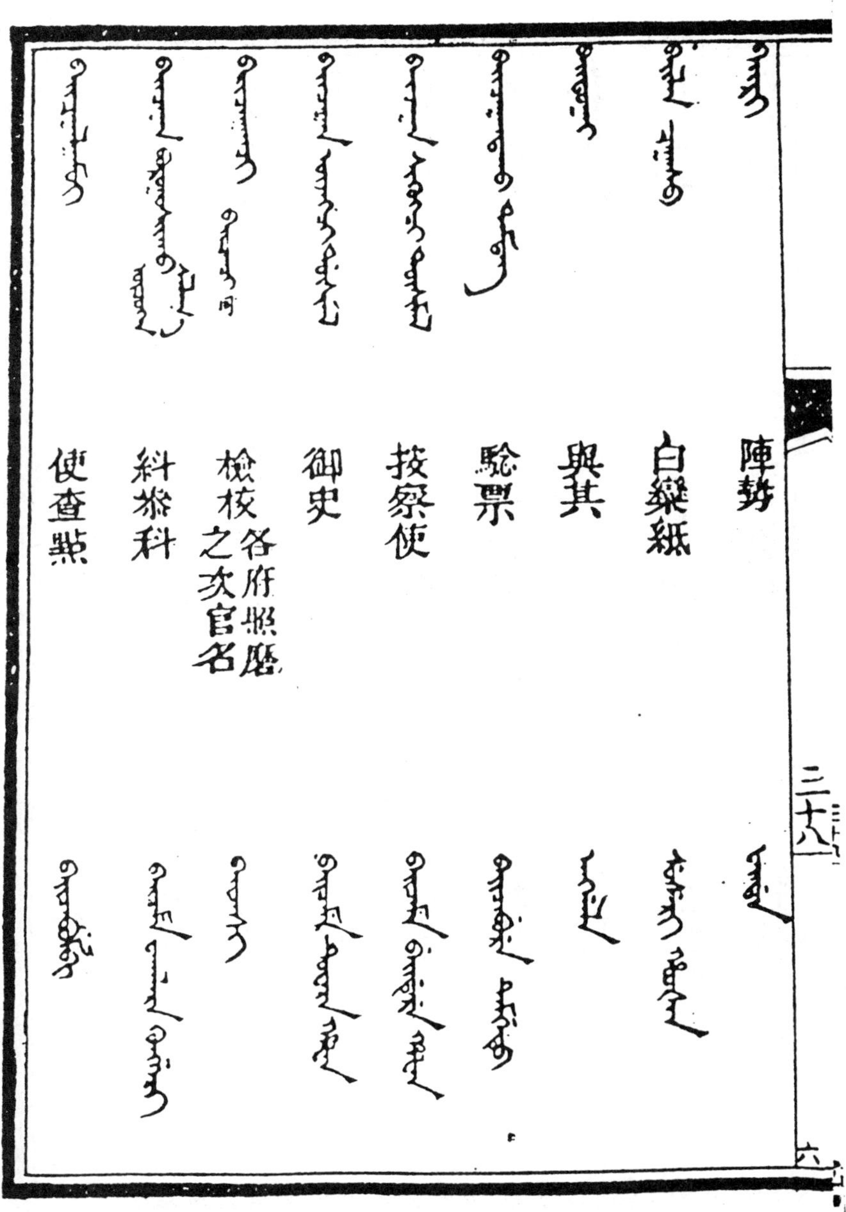

陣勢

白礬紙

與其

驗票

按察使

御史

檢校 各府照磨之次官名

料參科

使查點

三十八

六

一齊攻伐

去攻伐 撲打

使攻伐

攻伐

令止 革退

人馬走急心跳

險

儘着 只管

排陣之排

對子馬

趕繒船 戰船名

一齊攻伐

三十九

同

彪

矜誇之

矜誇

儘可以

話不住口狀

柑子

咧咧鳥 鶺鴒別名七之一

嫌人臉胖大可厭

極多叢雜狀

喊叫

面狠垢污了

面狠垢污之貌

稠麻子

荔枝

麻子

婆羅密 異菓木不高甚柤果大如冬瓜出交趾國

隙中之光

小兒羸弱

虎衣

攝提格 太歲在寅曰攝提格

陬 正月爲陬

虎瓜篆 王僧虔所作四角如爻

析木津 天河之津也

射虎弩箭

射虎披箭

射虎骲頭

虎 寅

沙彌 小喇嘛也

板櫈

以手拖手之意 此上蒙古文係陽字讀之凡遇切已處用之

虎帽

虎裙

虎𧞣

蟞蝛 錦雞別名 六之一

胖面平大貌

槃多樹 異果自根至稍 皮上生果如橘 大不開花

謹防之

令謹防

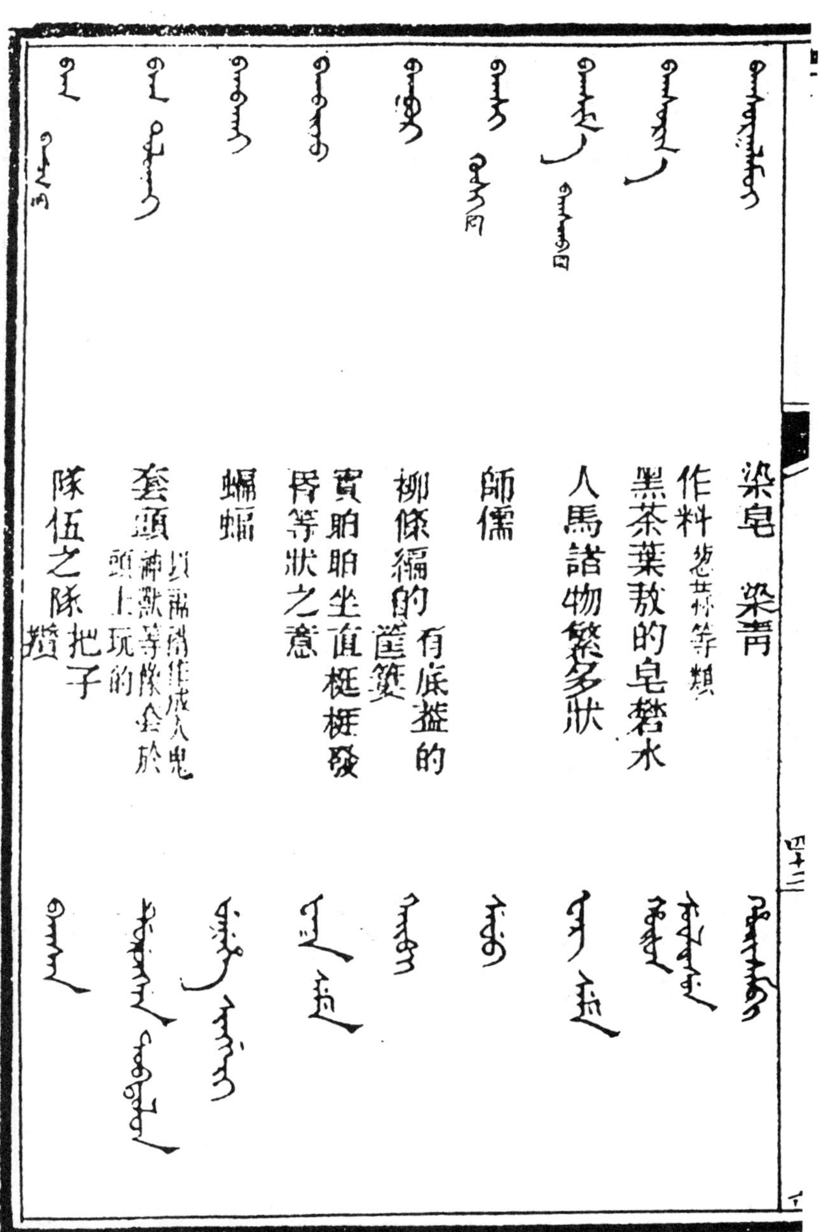
染皂 染青
作料 葱韭椒等類
黑茶葉熬的皂礬水
人馬諸物繁多狀
師儒
柳條編的有底盔的笸籮
實貝貝坐直梃梃發呆等狀之意
蝙蝠
套頭 以紙糊作成人鬼神獸等像套於頭上玩的
隊伍之隊 把子
攢

四十二

昏迷

有容者

容

容之

容不下

包容

使而容

容之

深刺入狀

箭中的深狀 扎透狀

短粗人 矬胖子也

隊 把子

舉止粗魯

物短粗

將高糧等物碓攢之

秫稭攢

笙

一隊一隊分開 成把 束子

鳥柏樹 高數仞葉似杏葉而小有花黄子如芡實

四十三

六

波羅花 異花生於山峯葉光花白秋開

映紅寶石

佛花 此花乃佛前所供八吉祥輪螺傘蓋花罐魚腸之類也

汗大山

厚重貌

人庸蠢不伶俐貌

人蠢笨貌

署正

署丞

署

城

黄蠟

黄蠟

蜂蜜

雪浮面融化

蜜蜂

天師果 異果出声城山似果而味美食久可去痰症

矬胖狀

禽鳥的臊尖

皷彭

地凍消化而軟

將乾肉等物播軟

滿口唅水不嚥

話不清無頭緒狀

泥陷地 陷溢

炤的袖椿 鞦秋子

拉縴聲

泥中行狀

涉水聲

一 麻熊

籐牌兵

籐牌

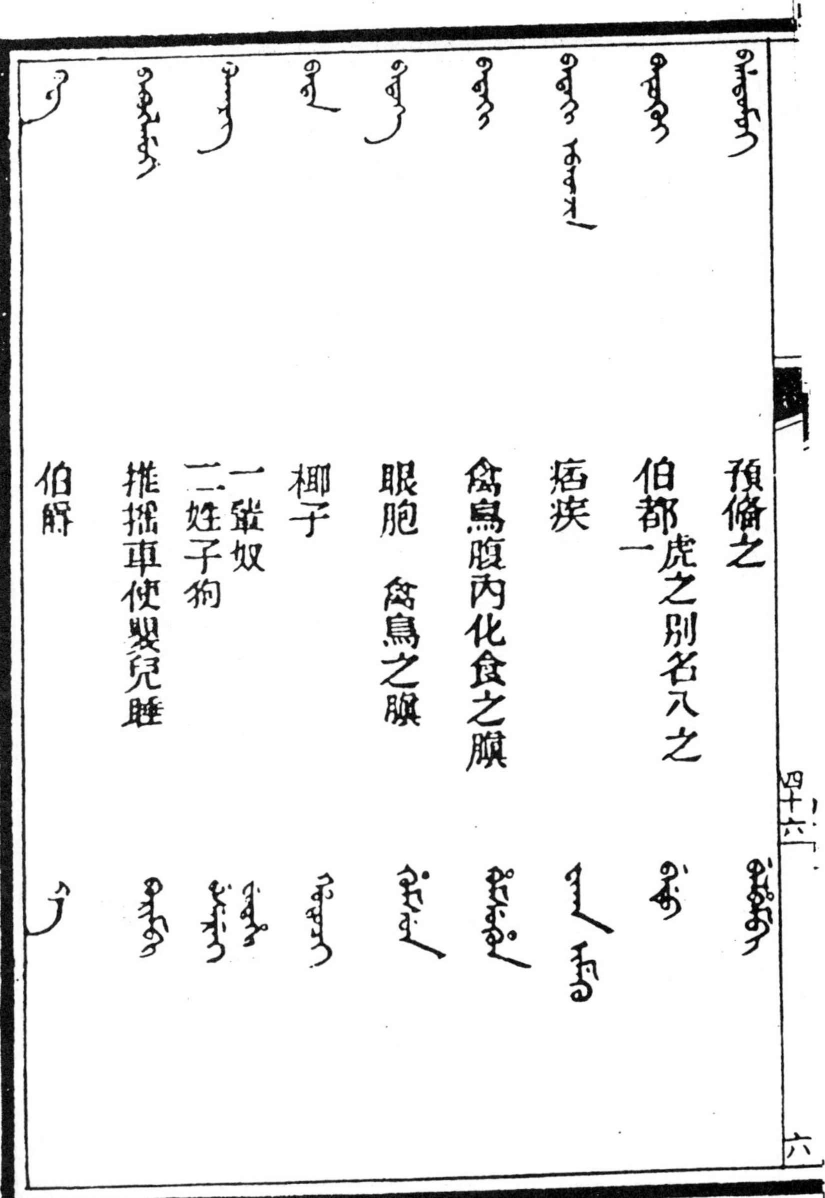

預備之

伯都 一 虎之別名八之

痞疾

禽鳥腹內化食之膍

眼胞 禽鳥之膍

椰子

一[illegible]奴

二姓子狗

推搖車使嬰兒睡

伯解

四十六

六

遮上分兒

人之舉動言語無意中照樣効法之

竊子 凡人之舉動言語無意中照樣效法之人

備帶餱糧

使預先備帶餱糧

使便易易現成

現成

備貯倉

使預備

猴 申時之申

馬猴

瑞紅鳥 嘴紅而寬身青而灰雌雄總在一處

麒麟之麒 牡者爲麒

瑞香花 木本枝軟葉厚花朶重叠而生色穠花中之瑞也

芝英篆 漢武帝時産芝因作此篆字頭有又效芝始出之象

掛錢

瑞木 異木木紋生成天下太平四字

瑞鶠 鳳別名十四之一此種見爲太平之兆

攀身撒上 騍馬名色

分娩了

雙身子

鞠躬

身材小

赤身

身軆

涒灘 太歲在申曰涒灘

相 七月爲相

凍的手拘攣

三指皮巴掌

使上墨

墨染

墨林

筆海

墨谷

研墨

墨

婦人腼腆躲長輩

盡婦道

家兒媳

兒媳婦

壯實人

使堅固

堅固之

堅固

棒子骨

司儀長

郡君

貝勒福晉

貝勒

貝子福晉

貝子

閒東鄉

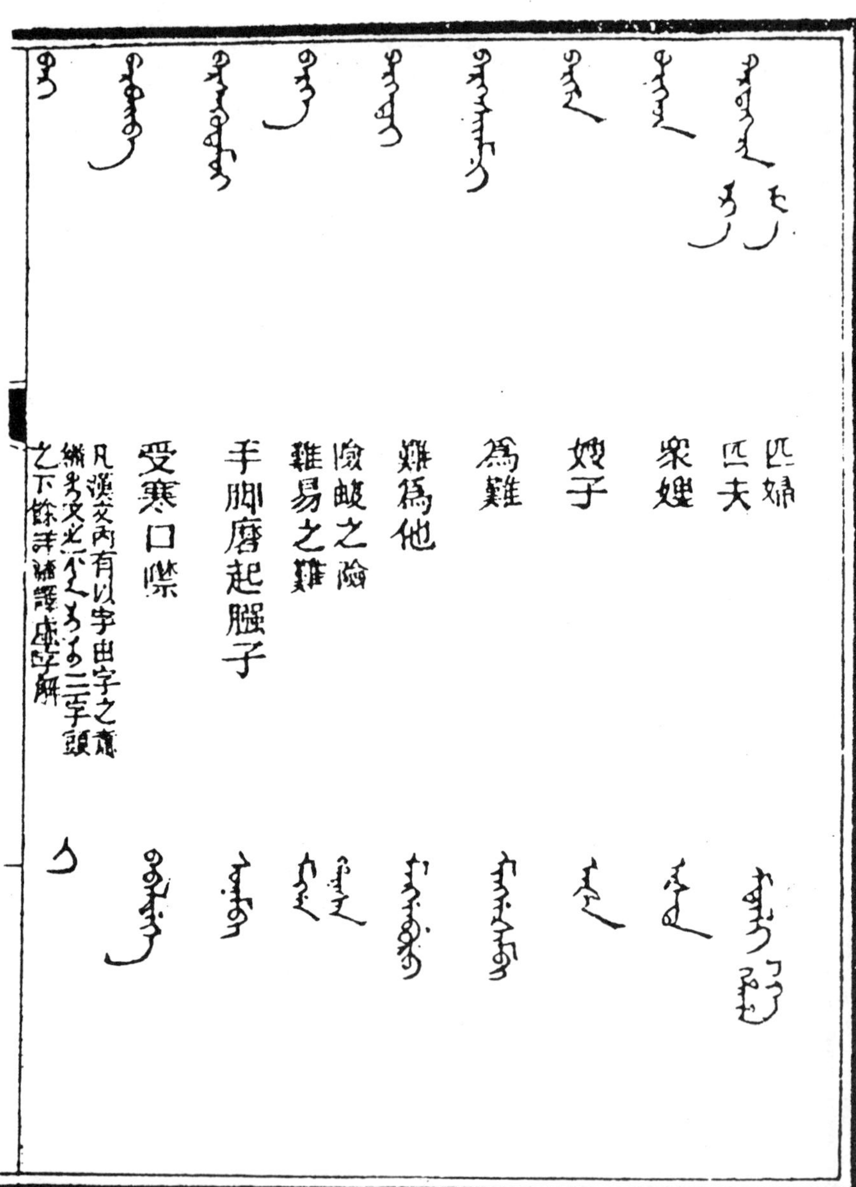

匹婦
匹夫
衆嫂
嫂子
爲難
難爲他
險峻之險
難易之難
手脚磨起胝子
受寒口噤
凡漢文內有以字由字之意
䌷
之下餘詳補譯虚字解

暗甲

嚇獃

清文切己處之[illegible]字蒙古文繙之餘詳繙譯虛字解

五十

六

手虎口 樹椏杈

有水草可放牲畜之處

寡婦 孀婦

孝服

丁憂

掌托站立 小兒打能能也

凡物刦好剛剛存有

走山腰

山腰

腰眼

麟書 魯西狩獲麟孔子感之是以弟子曾叅作麟書以記瑞

冥靈木 此木以五百年為春五百年為秋

遊麟旗 三角幅上綉有麟象

神雀刀 刀鐵快上鏨有雀

占算人

占卜

印印記

佐領圖記

先兆

兩河交滙處

牲口蹄上七寸子

咱們

我等

白犛 乃毛白而跑快之犬也犬別名九之一

恭

致恭

撓便些

鳥船 滌船名取其行水撓便之意

巧撓 便利

不是 非

我

凡事含混不明

兩手捧之

回頭穗子

連鬢鬍

竊盜

暗昧

台十台為一升

別這樣之別

遲鈍　口拙之拙

咱們的

封套

封之

封筒科

封皮

䍺 異獸出洵山似羊無口色黑殺之忌諱

暗補綴

浮傷

陰險

悶熱

貝多樹 異木出西域外國如書佛經於葉可經五六十年

虎斑木 出海南此木紋似虎斑

蘄花

花斑

斑紋

大篆 蒼頡之篆史籀又損益之為大篆

晦日 每月盡之三十日

這樣本事麽

釘封文書

瑣吶（樂器名）

將宰的牲口分開後削取剩下的好歹肉（俗名打濫兒）

磨刀

磨刀石

用棍打

木棍

油物蔭大

茨菰

穿鏨鏤文

麒麟之麟 牝者爲麟

瑞草 卽靈芝禾生雲頭者

慧身

淸字楷書字尾

靜鞭

智慧

呂 黃帝命伶倫造律律六爲陽呂六爲陰 總名曰律呂

陰陽之陰

天顙 哨天鳥之別名以其聲高如顙故名

側金盞花

出疹子

小水雞

鷂兒 小鷹名

小黃約鷹

小灰鶴 頂黑嘴長眼角生白毛一根直過頂後

小冠鵰

小

遊之

衆多接連狀

幼小

準帖式科

准帖式

鳥

衆小者

幼小

翠奴 比翠碧小乃鹽毛小魚鷹也

鸚哥 似鸚鵡身小者曰鸚哥各色俱有

文選淸吏司

文官

翰林 侍讀學士之下庶吉士之上官曰翰林

讀祝官

奏書 居年神內第十二年貴神掌察記查核

奇字

謝啓

啓 文政之文

勇往管轄

學士

大學士

都督僉事

都司僉書

文臣

翰林院

文人

儒學 各省教文武生員處曰儒學

憑照 外任文官之憑照

書吏

字粄

文誥科

儒巾

刷書作

圖書

文書房

侍講學士

侍讀學士

五十七 六

月琴

餓鬼

二歲牛

衆小兒哭聲 雁羔叫聲

小兒作哭聲

哈什馬湯

一點兒

縠紐

嬰兒身量小

石背

映背石

嘴巴骨

琵琶鴨 野鴨別名六之一形似小琵琶故名琵琶鴨

獑猢 異獸出峨嵋山似猿白色聲如雁鳴異於飛狐

筆架

筆筒

筆覘

筆洗

筆帽

筆管

筆尖

筆

賛桃花 異花千層桃花也色微紅

清字之圈

物碎雜狀

物碎雜狀

必栗香 異木出高山狀如椿葉以此木作書軸蠹魚不蛀蝕

五十九

六

簫

臭蟲

文鶾 錦雞別名六之一

鵟 [illegible]別名三之一

鷰竇

眂暗來犯

儒者 文士

史書

吹笛瑱吶聲

[illegible]鵜 汕葫蘆別名四之一

吹簫之吹

短荻草

怪調異樣人

油污滿衣

火繩

信口撒謊

香櫞

水等物太滿搖動洒落

潭　水甸

水汜溢

膠糊遍擦粘物

吹筒

雀

瘡疤結成疙瘩了

柳枝蒿子艾子上的咕嘟

骨丁 乃物上皷起之疙瘩也

做餑餑撒豆麪子

獻媚

行謟媚

謟諛

雀弁 古冠名

下縹

虎頭雀 彷彿家雀身小其頭眼獨大

打雀網

鳥媒子 打雀兒的誘子

包袱

包之

摟脚布

使摟之

摟之

使低矮

坎墙

短筋

矮低

六十二

六

奴才

獸胎

旱雀殺不長 雀毛滯住不脫 搞延遲

點心處

餑餑

埽 隄岸曰埽竹木為枒柳實其中和土以捍水黃河之役用之

自縊之縊 懸吊 只是縊脖子

用粗繩縶之

酒套子 打野雞脚套子

關引科

關津科

關隘

使掐脖子

掐脖子

凡物受熱壞了

如奴僕一樣使喚

奴輩

駡人懶惰奴才

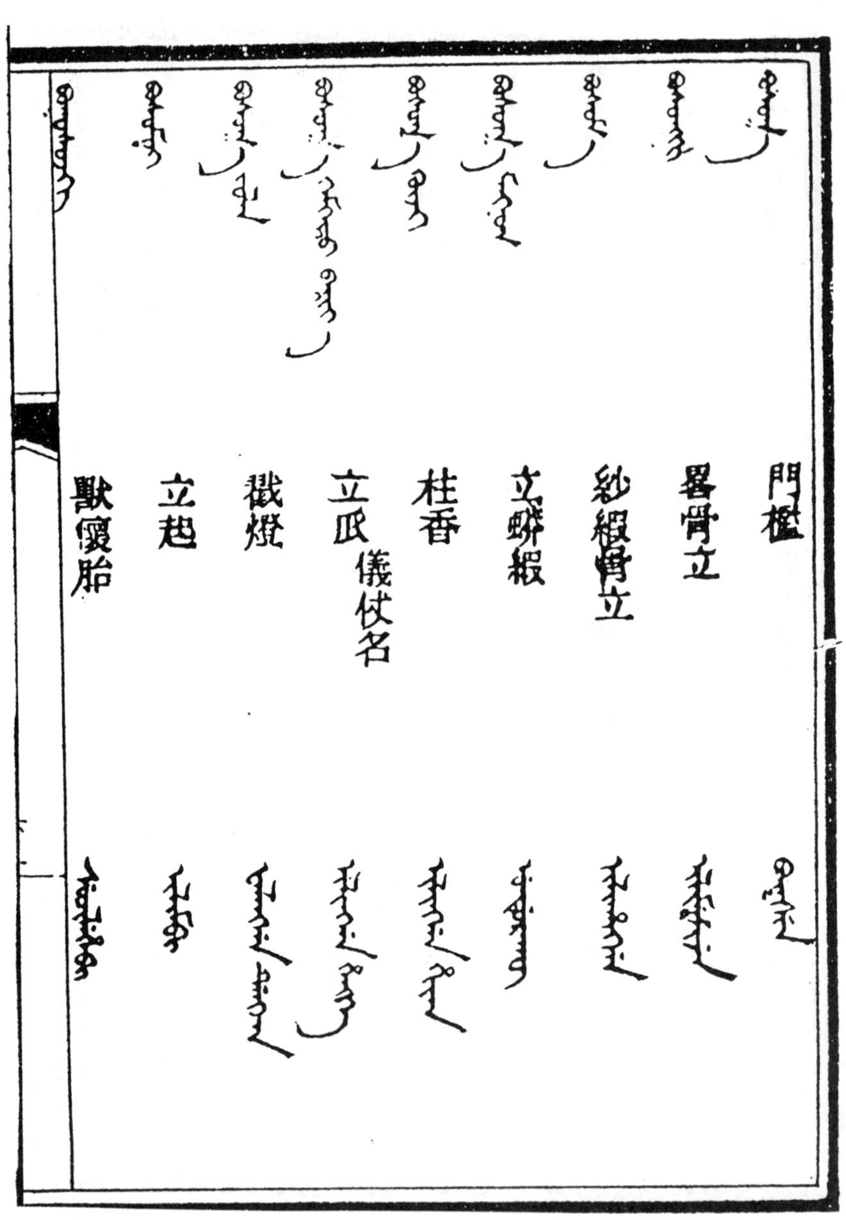

門檻

畧骨立

紗緞骨立

立蟒緞

柱香

立瓜 儀仗名

戳燈

立起

獸懷胎

註銷科

算盤

使算計

算計

菩隄子

菩薩

角端 似猪角生於鼻日行萬里解四夷語

天命之命

脚手 凡工匠高處作活搭的架子

跴磚過水

野猪皮

掛甲的公野猪肉

公野猪

支科

自言自語

空之自言自語

算科

算學

窮奇 異獸出邽山彷彿牛 有刺如蝟尾長食八

可 自然而然 生熟之熟

文氣已完之口氣

形容酷似 像原身

一齊籌畫

有謀畧

方畧館

謀

策 謀畧

六十五

六

成就成器之成 由此而成之成

將可以的光景

鋼條

鋼

没依從 未允

苧蔴

玻璃

不肯

因爲了

櫞子 異果大如瓜形似柚子

甘櫞

身子拘束伸展遲滯

粗粗草草

手足不得力 羅圈腿

屈膝單腿跪

甚粗笨

凡物不緊就鬆些

尖嘴大淅鴨 角鴨

惝吧嘴 鳥名

白蜡蚍

小葉楊樹

青熊

倭刀皮

蒲柳

麻豆蟾蠅

麻雀兒

青馬

秋黃鶯

羅葡花 鵓鴿類頭毛黃黑白花

青豹

倉房

叫螞蚱

大蘇子

菑蒿菜

青鵰 出遼東彷彿芝麻鵰

柿黃 鳥名黃肚囊同

坐地柳

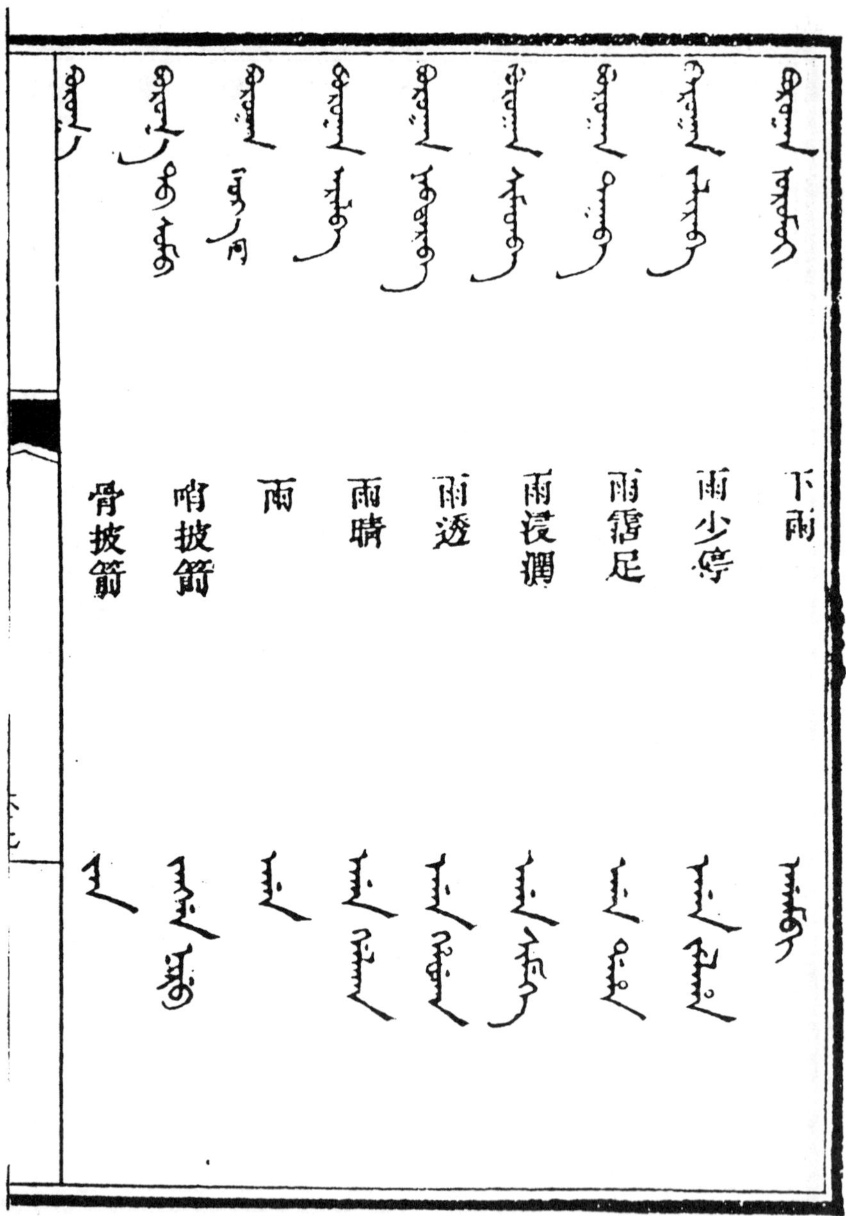
下雨
雨少停
雨霑足
雨浸潤
雨透
雨晴
雨
哨披箭
骨披箭

花斑貍

巧雀 即桃蟲也

桃蟲 鷦鷯別名乃山鷦鷯也

黑葡萄

使酌之

潷水酌茶

酸雨

氣和

雨傘 同

獃子

波斯棗 異果木高不落葉實大二寸味甘出波斯國

禽鳥翅次翎

狂 茅鴟別名

天鷚 哨天鳥別名

母野鷄

闖光棍

光棍

三歲駱駝

閑話碎雜狀

手足往前躬的人

肩胯膊高跛出的人

駱駝的鼻鉤子

牙花子

鹿茸

皮襪頭

琥珀

晾乾肉

料豆

使牲口上膘

把牲口往肥裡喂

柳斗子

頄筋

車後拴的插秋杆的擗木

松塔兒

海獺崽子

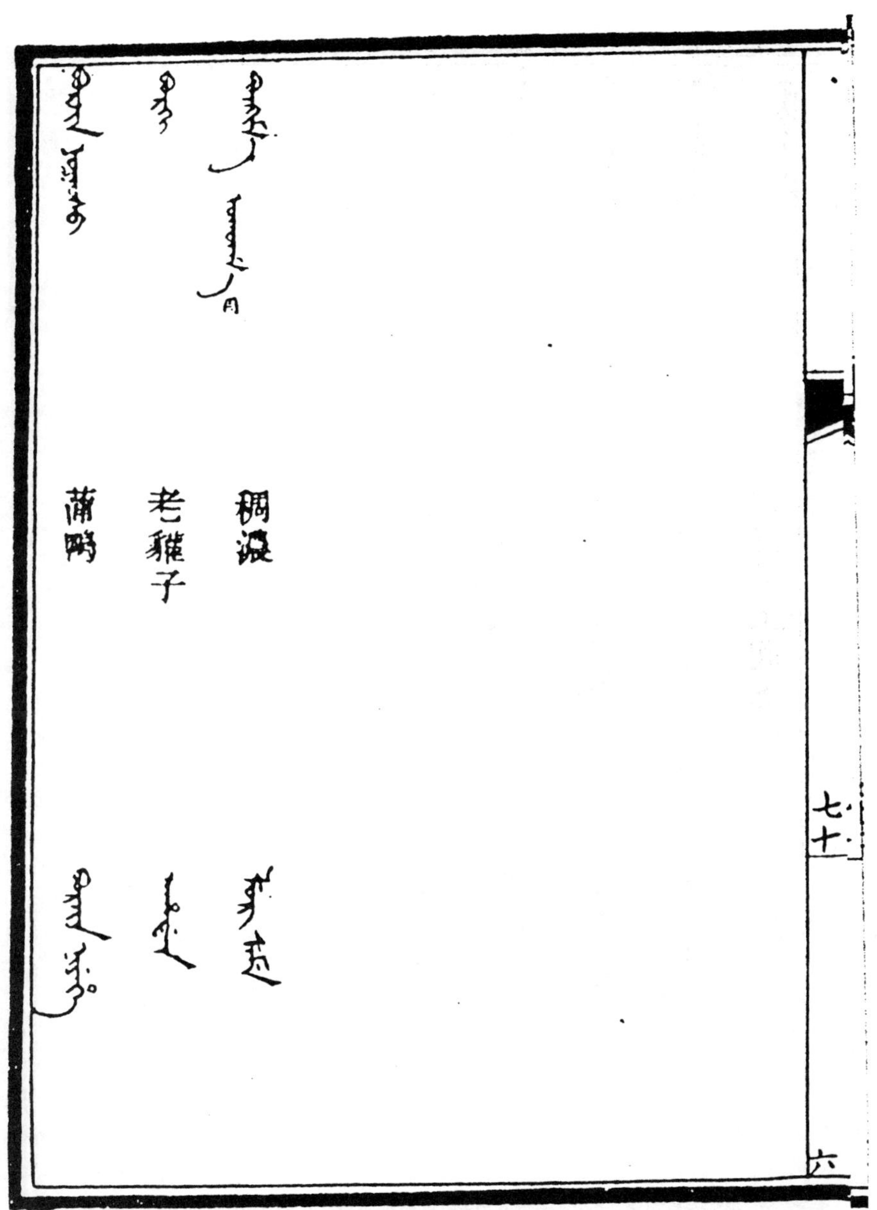

稠浪
老雅子
蒲鴨
七十
六

海鮑爪

佛嚌 数珠上用的

衆小兒壯大貌

皃壯大貌

兎兒又上圓尖塔

下揷戴定親

聖德誕敷之章 凱旋成功將軍大臣進酒時所作樂名

聖澤書院

聖君

聖

掃帚

麻阿蘭 阿蘭別名八之一

猧一 即短嘴犬也犬別名九之一

水面濁沫

旱鹽

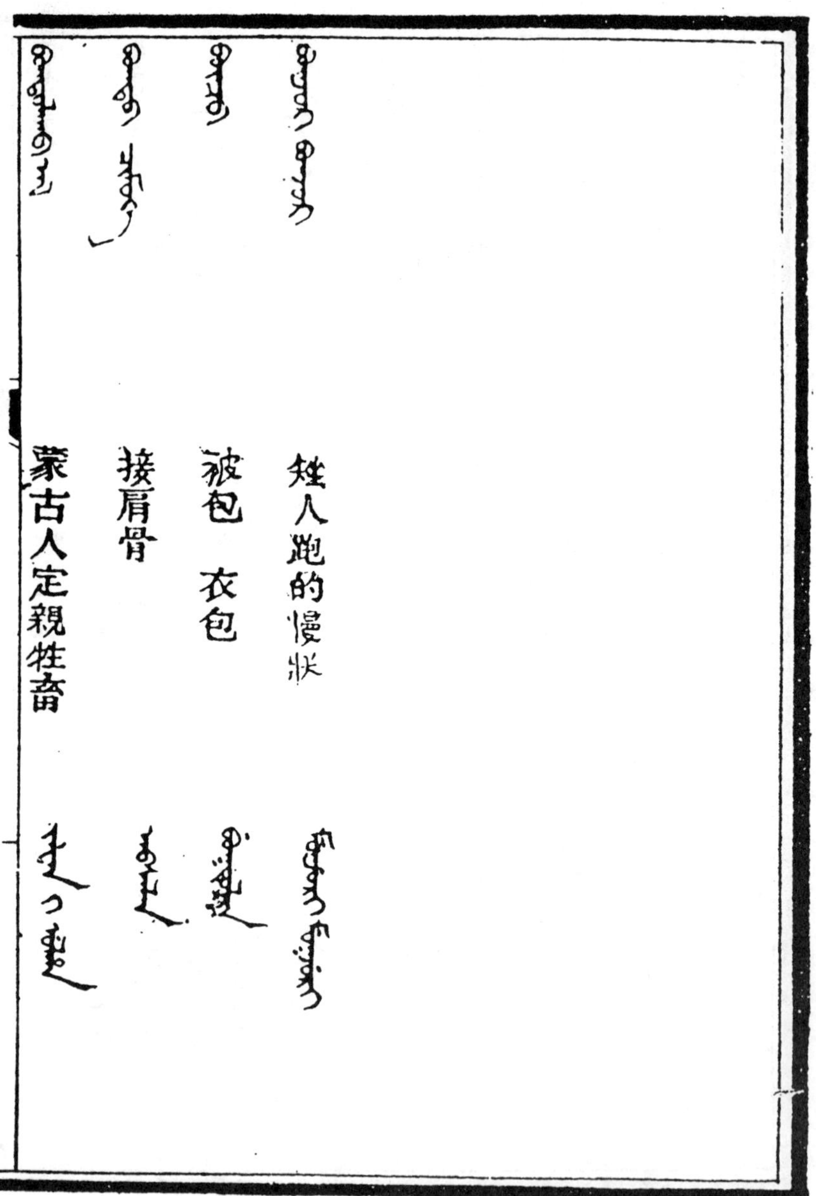

矬人跑的慢状

被包 衣包

接肩骨

蒙古人定親牲畜

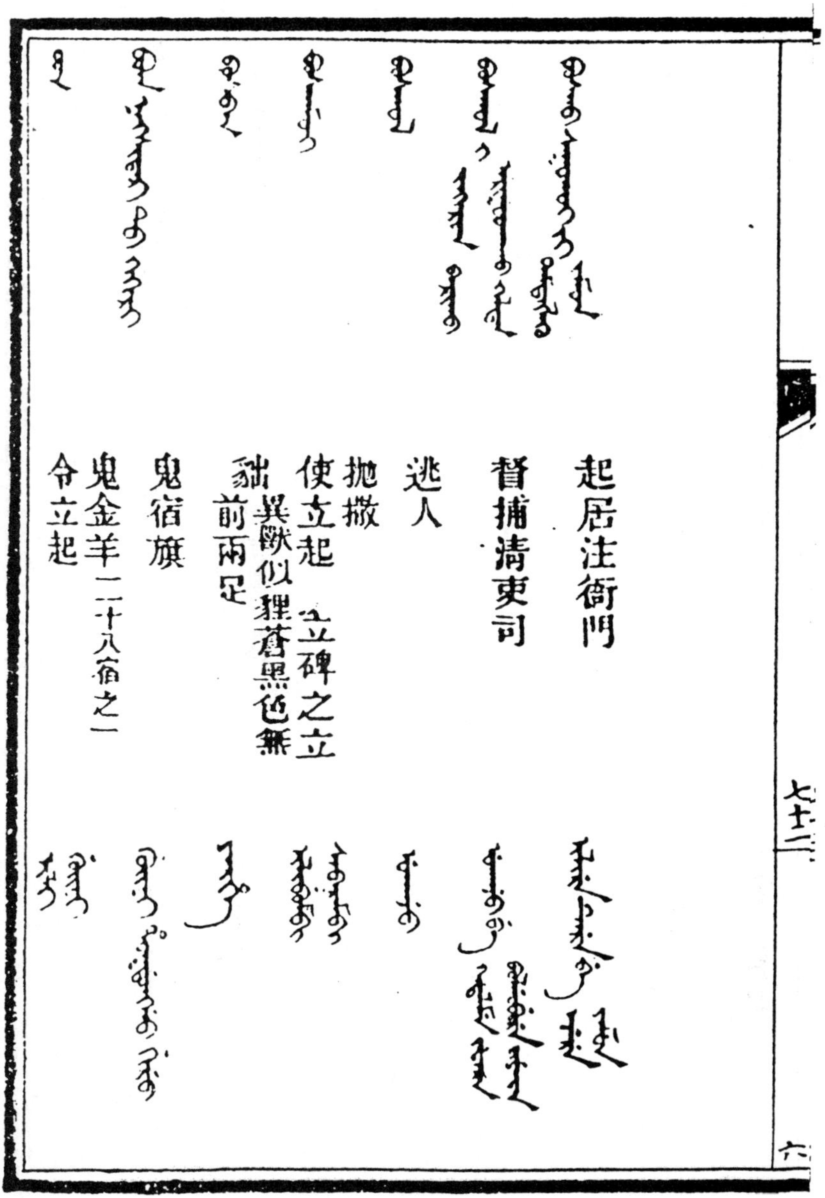

起居注衙門

督捕清吏司

逃人

抛撒

使立起　立碑之立

貀　異獸似狸蒼黑色無前兩足

鬼宿旗

鬼金羊　二十八宿之一

令立起

寶源局

寶泉局

鯨鯢 頭上有孔能噴海市樓塔者

稀物濃狀

水星

初次滾膘

兩輩奴

兒駱駝

牛樣子

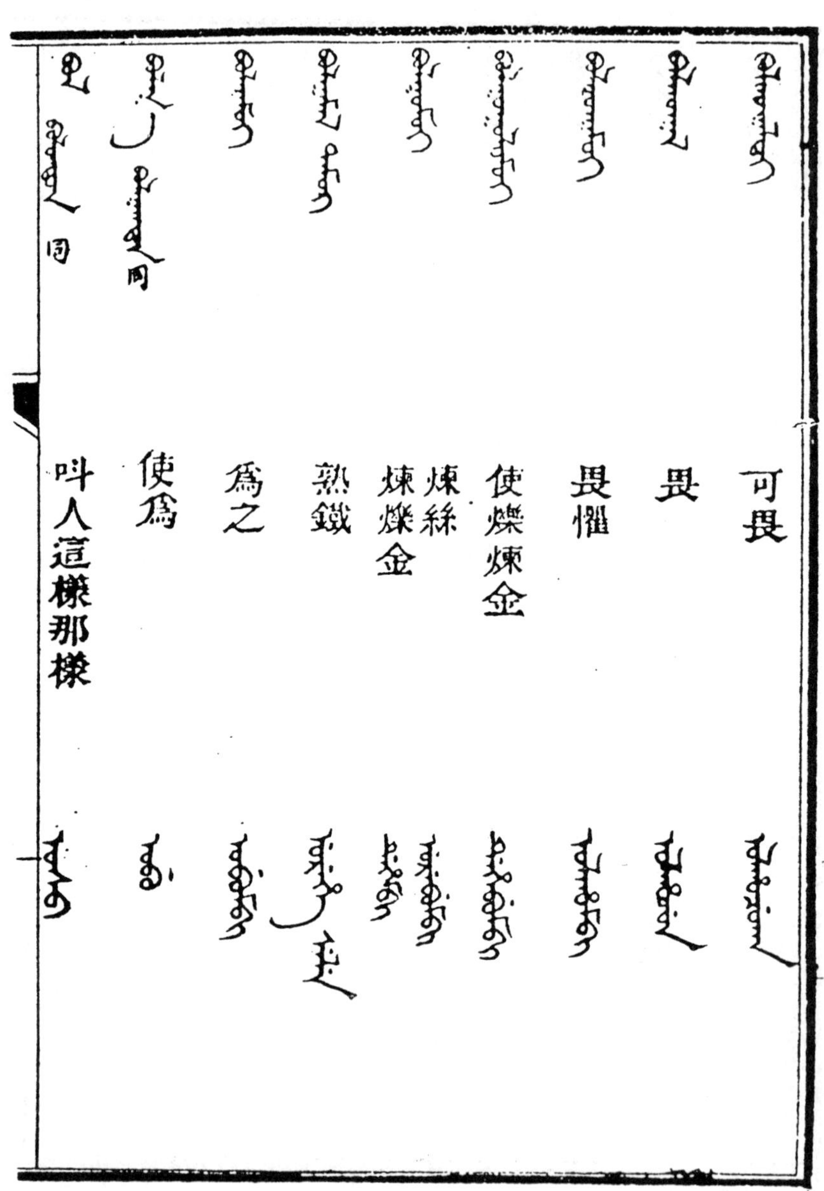

可畏

畏

畏懼

使爍煉金

煉絲

煉爍金

熟鐵

爲之

使爲

叫人這樣那樣

使熟 温習之

熟

若是

了 已然之詞

設若

可乎

不可

致慎 小心謹慎

慎

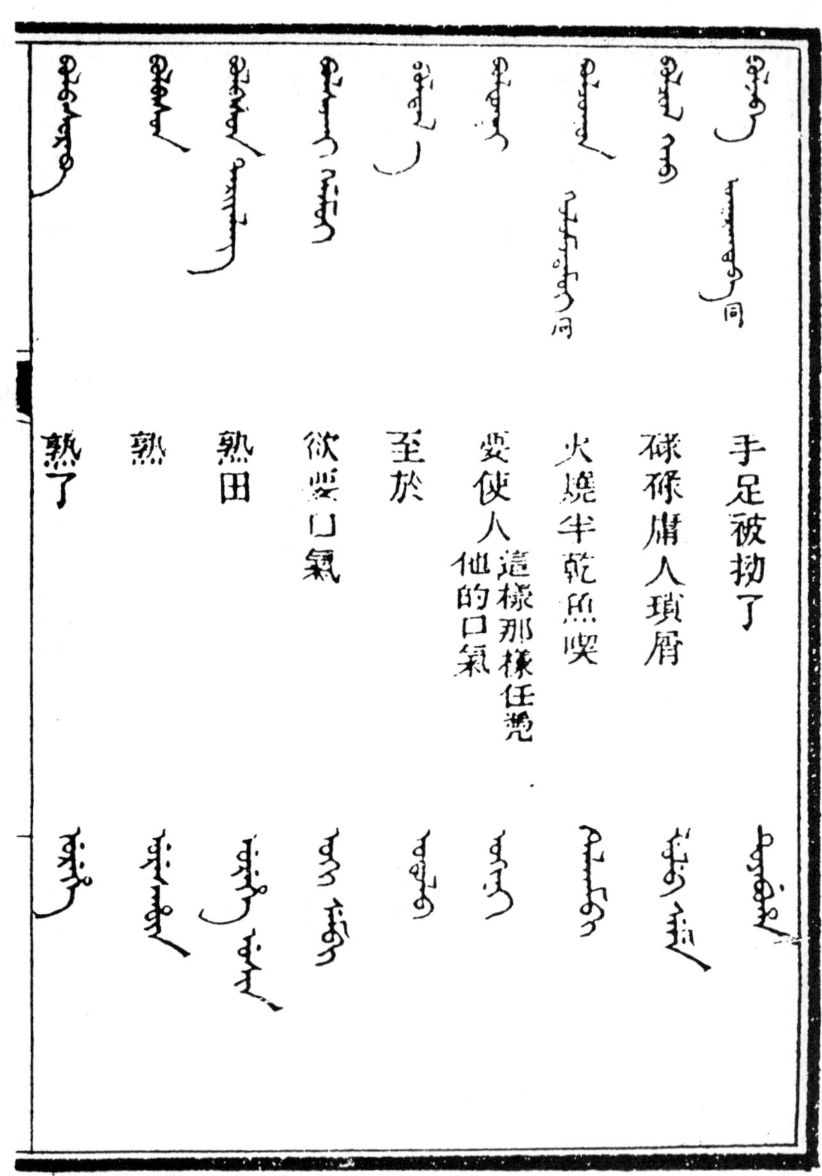

手足被扐了 同

碌碌庸人瑣屑

火燒半乾焦喫 同

要使人這樣那樣任憑他的口氣

至於

欲要口氣

熱田

熱

熱了

粗糙污穢不淨之人

騸馬

偷

家麻雀

未可料 不虞

使約之

約之

有規矩者 約

約期

來道于比禍于署祖

此

蒙漢滿文三合
中華民國二年六月出版
北京正蒙印書局承印

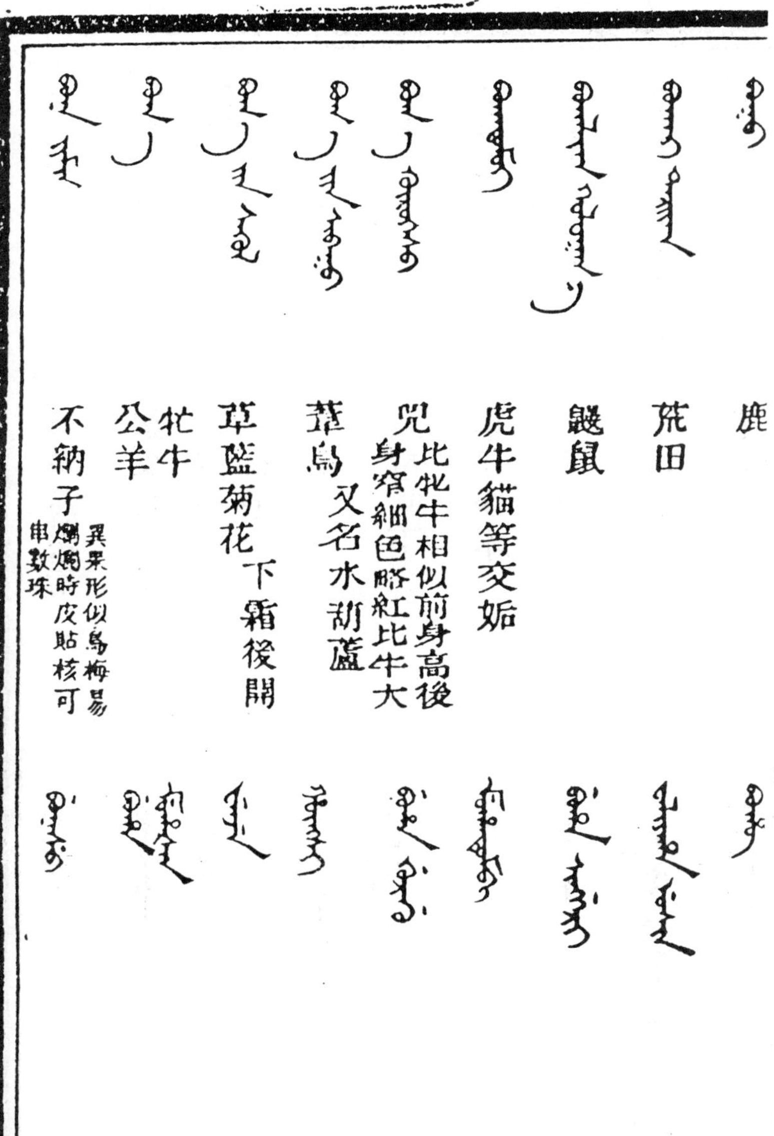
鹿

荒田

鼷鼠

虎牛貓等交姤

兕 比牲牛相似前身高後身窄細色略紅比牛大

葦鳥 又名水葫蘆

草藍菊花 下霜後開

牤牛

公羊

不納子 異果形似烏梅易爛熟時皮貼核可串數珠

射馬箭搠索

鬢髮蒼白了

紅沙馬

銀針毛

肩骨

琵琶骨下

車轅横木

沙青馬

麥麩子

麥子

別人

別人的

向別處

不是麼

不是

動作不雅 沒正經行為

小氣樣

害人家產破敗至於過不得

敗壞

用飯

寬帽沿

煮飯

飯

亂奔狀　披靡

風揚地上雪

野種有母無父　姦生之子

草木叢生之叢　一攢

常言　諺云

染藍

野茶

烏茶

藍乃染藍作靛之草

靛花

渾濁

鐔子

萬年蒿

稍緊

緊冗

摸索

拘滯

便染之

染

萬物之物

下霧

霧沉

霧高起

霧收

霧

米湯

乾幹葉細矮色雜如印
鷊綬蹬垂而生

牲口銀蹄

泉

攪水嗆魚

混濁之濁

牲口蹄上淤住血了

瘞埋

猫脚菜

紅酸果

貂鼠

爭論言講

被奪

奪之

罷了的口氣

執定不認 翻賴

强是爲非

居蟹 異獸出梁渠山彷彿刺蝟尾紅聲如猪

生耳底子

泉山 在盛京海城縣

滾石

轂轆鷹 木兔別名六之一

堆草垛

使碾之

碾之

碾光石

草垛 車頭

善爭論

不認己過扭着講說的人

使煎熬

煎熬

令煎熬

轉身大上 騸馬名色

蛔蟲

回
翻悔改口

間隔着疼愛

不使人知隱瞞而行

圍有拐角歪斜

幽僻處 彎曲

捲毛捲髮

穢污之

齷齪

穢污不淨

強壯

鸐雉 雉別名十三之一

不周山果 鳧飛出不周山 如斑食之不饑

兵刃交接亂砍混戰

鬼臉兒

話完煞尾之哉矣等類

福酒 壇廟主祭人所受祭之酒

有福的

瘞生

求福

福

罵人捲毛畜生

捲毛鷄

秏 捲毛狗也狗別名

九之一

叅劾

旡妄卦

左道

胡亂

是非之非

可悶

鬱悶不過

林木稠密亂叢生者

蒼术

松鼠

使敗

敵人敗去之敗

使斥責

斥責之

被杀了

使杀劾

小兒顯長

有無

若有

若在

有麽

或有之

罷咧口氣在話尾用

有哉

呢字口氣

有

公木額

佛臓

佛經

佛

栁條笆 苫盖房所用者

栁條 此條可作囤帳房之墻子椽子

帶日下雨雪

泉湧如沸

物衆多貌

膿血直冒狀

豆⿰黑差子

豆芽子

豆子

使性子

遛遢 說村話

諸佛

佛骨

佛背光

佛龕

井宿旗

井木犴 二十八宿之一

肉放滚水内不煮熟帶生取出

飲食不調漾出口來

泉水湧狀

爭射

烟氣繚繞

羣雉飛起聲

野鷄飛起聲

山茶

掌號聲

張宿旗

張月鹿 二十八宿之一

室宿旗

室火猪 二十八宿之一

箕宿旗

箕水豹 二十八宿之一

乾嘔惡心

心憂愁獨自縮着身坐

暗怒

肯躲懶八

躲懶

硬物難嚼吐之

鴟雉　雉别名十三之一

薰牛皮　一名香牛皮

别毋休要

泥垢沾滿身

忽然努出

凡物努出狠多

同 暴露努出

肯懶惰

齊懶惰

總不懶惰

口管懶惰

不懶惰

髁子肉

生了瘰癧疙瘩了

肉內疙疸

熊之兩頰連油的肉

高皷堆不平土

都 全 一槩 同

躲避而行

凡事懶惰規避者

鹿在潮濕地方拱土
身上粘𡐤地

女冠

道錄司

道官

道士

坟墓

刀鞘中束

使束帶

束帶

腰帶

服鶝 戴勝別名八之一關東呼戴勝曰服鶝

言語不明貌

推搖車口裡呵聲

哄嬰兒睡的聲

戴勝 雀名嘴長色花頭有鳳頭俗名山和尚

放帽沿

遮蓋

使鬱悶

使遮蓋

鬱悶

遮蓋之 掩没

小兒認生

痱子

繫帶

御帶花 異花紅色枝柔

帶鳥 拖白練別名三之一

腰簽 家譜外所貼籤職之黃簽

鵪鶉稠

鵪鶉

完全

能成之

色暗

眼皮下垂疲睏狀

汨沒

醬遮蓋了

令遮蓋

畧粗實

大腸

粗石

粗布

古連紙

老羊皮

粗

篇蓄 草名貼地生長純是穗者

項網 打鵪鶉之網

戒指

扎幾刀煮

脚拘縮行動磕拌肰

馬打奔兒

馬打前失

彭緞

潦草

草率做之

粗作　舉止粗糙

姑表親

姑舅兩姨孫

夾硯

馬跑的蹄子熱了

温温的

温泉

罷不必之詞

温和

筋頭兒

篇章

勾陳在紫宮內華蓋下共六星

箭把子

來着

微軟弱 略單薄

軟弱 單薄

鑲嵌

中表 姑表

姑表結親

歌舞之舞

戲子

趨奉承之

趨奉

舞棵杆 旗杆上横掛着穿旗幅之杆也

皮套頭

織的帶子

數珠子兒

薔薇花 異花纏籬生春華紅黃白三色

痛哭流涕

兎腦沙 硃砂中極高好者曰兎腦砂

器皿粗壯

挂柱

食魚尖嘴鴨

團瓢房

儀鳳旗 三角幅上綉有翔鳳

建華冠 古舞生所著冠名

舞之

鐵巴鍋子

佗子

躬腰人

虎掌草 又名虎兒草 梗葉有毛

瓦了

若有 有則

祈福人

跳神占吉凶

跳神

師巫

巫人

九十三 六

駝挙都 總
普律

嘔吐

穀結粒

鞭子上的挽手

紡車裝定桿之蘆管

張皇趦事

逢迎

腰子壺

腰子盒

數珠上佛肩

腰子

總管衙門提督衙門乃京營者

掌衛事大臣

都事

都察院

會典館

總 共

羅鍋瓦

大黃蚊子

通濟倉

使躬身

鞠躬 躬身

周天球 銅鑄圓形徑過六尺外刻星宿赤黃道宮度

整物 渾然之渾 完全之完

樞總科

總檔房

總兵

總督

總管

蝌蚪蟲

海螺螄

鞍韂

狗見熟人搖尾

畧俯身

羚羊

天后神

瑶光星 七星之第七星名瑶光星

驒 異獸出歸山彷彿羚羊四蹄馬尾腿上有距

吹海螺 吹號筒

皮袄面

旗幡

全 同

使全備

全備 完全

使吊衣面

皮衣吊面

盤數

每次之每

每人之每

燕啣泥

滚圓

看不眞切 月色朦朧

續斷 藥名

使奢侈

奢侈人

奢侈

下流了 行爲亂不回頭之説

完全

攀鞍反背 騗馬名色

飛遮 異獸鹿首龍身

夫諸 異獸彷彿白鹿 四角喜水

鷰鶵 雁別名十之一

傍下晚

明爽卦

眼花了

心變了

狠子野心

眼昏花

禽獸多狀

大怒狀

罩上箭罩子

箭罩子

盜驪 駿之黑者曰盜驪

點子馬 凡有豹花點諸畜皆是

頭層 乃射鵰子之大鵰子

頭家 抛背式骨頭先出去者爲頭家

日色慘淡之慘淡

紛紜

一陣之陣 時會

翻滚 大怒狀

起浮泡 氣的吐沫子

綺鞴

鞍籠

蒸籠 撒糕

鏇餅 乃麥麪放油赶薄而圓用乾鍋擦油炕熟

鍋盖 罩騷鼠的柳條筐

假陰天

帽罩子 船棚子 凡苫物之罩子遮蚊臉罩

使覆蓋

覆蓋之 放帽沿 幪蓋

頻驚亂

一齊驚亂

一齊驚亂

使倉皇驚亂

賊自驚擾亂

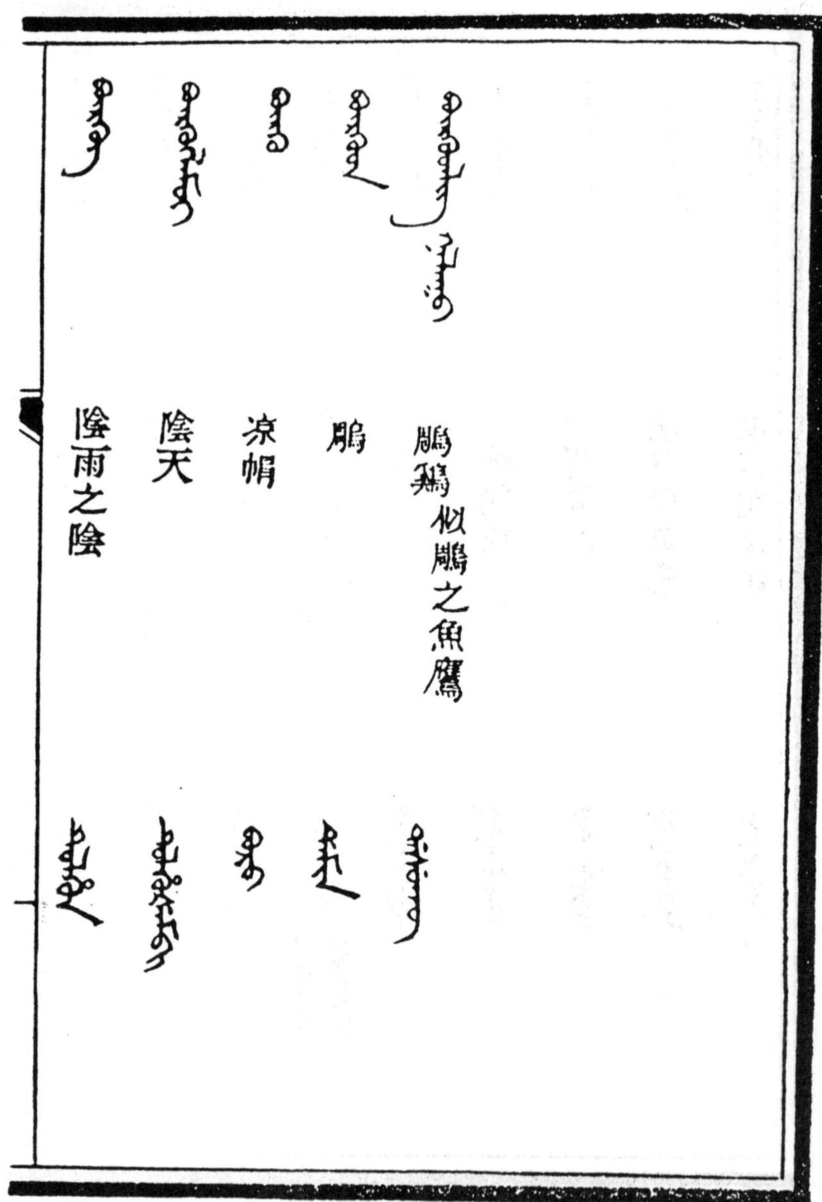

鵰鶚 似鵰之魚鷹

鵰

涼帽

陰天

陰雨之陰

忍不住笑肰

屁股垂

屁股

發麪發麪之發

使着濕熱 飯澄了湯盔了蒸之

濕熱

使戍守

戍守

香筒 花罇

使堵塞

堵塞 補空

謙卑貌

彎腰 凍抽抽

鞠躬貌

無眼骲頭

伏兵 居年神第八屬氣掌兵革

使埋伏

埋伏

羅鍋腰

老邁不能動了

打至軟攤

否卦

氣膈

相隔數里之相隔

帳房

布把子

錫剃頭刀所
錫刀布
用之布
同

布

彈弓

行頭

結成硯丁

土硯之硯

扎瞎了眼

圓睜眼之圓睜

文文 異獸出放皐之山腰細如蜂尾有岔枝舌反舌鳴

愛惜小兒狀

珠淚滾流狀

咕咕嘟嘟的

柳條笸籮

油麥麵餅子

庵寺之庵

雷毬花 木本叢生而黙花五瓣朵圓紅白二種

打弾子

小炮⿰火章齊响聲

硬物墮地聲

珐瑯

木筏子 砝碼

物隧聲

璠 美玉名

魚躍聲

箭把子

蓬萊羽客 一 鶴別名六之一

樹上果亂落聲

繩索勒斷狀

猪肉子 粵果大如杯色如脂炒食味如猪肉

風搖葉落聲

一百三 六

鳥蝗等羣飛響聲

妃嬪之妃

封 異獸形似牛肝一片肉上生二目此肉可食不割盆仍照常復生

小盆子

盆景

瓦盆

棚

行動輕卒貌

把嘴巴聲

碟子

硬物墮地聲

琵琶

凡物穿透狀

忍不住忽笑了

青鯇

使平兒

天平

妃嬪之嬪

甌梨子

蓬達奈 異果如青桃味香甘出暹羅國

放烏鎗

烏鎗兵

烏鎗 同後倣此

州樹子 異果似李此核可剖食味甘

大婆羅

補子

鷓鴣　戴勝別名八之一

夫編子　異果出交趾國可煮於鷄魚湯內吃

教授

知府

治中

府丞

府尹

府城之府

吹物聲

亂哱聲

芙蓉鴨 建華鴨別名

補褂

補紗

補緞

補寍綢

分釐之分

大鳥忽飛聲

羣鳥齊飛聲

鵖鴔 戴勝別名八之一

烏忽飛去聲

言語村粗狀

碰物聲

俸祿科

俸祿

奉天淸吏司

粗疏狀

蘡薁子 異果形如野葡萄入口始苦後甘

小物連墮聲

躊躕

想起來

使思想

思之

心失所倚

心肥

起意

同 惎

同 令思想

滚水壩
土星旗
土星
没想到
有識見的
思之
不意
懷之
想之
有心者

弓矢司

撒袋

不停住

不躭悞

遲悞

致於躭擱 解釋

躭擱 在外躭擱

使擠

擠

二 七

蕎麥

猶豫不定

猶豫

必定 務必

皮靴

手足起了皴皮膙子了

股子皮

皴皮 膙子

米篩花 異花似碎米色白

弩箭

鱸魚

帽纓

兆口

快

將快

致于快 消遣

快

人多闇退

蕎麥糁子

蕎麵煎餅

牲口噴喉

雞糞土

箭竿蟲

癍点

有鬚者

⿰犭然 果然別名猴屬身似狗首似虎面白身黑拿得其一餘衆皆至

沙草 靡草 烏拉草

人參鬚子

鬍鬚

流於惡習之流

使同坐 同

同坐 同

令同坐

坐位

去坐 去住

來坐 來住

蹲鷹 使坐 坐扣

坐 居住

令坐

鏜鼓

揷屏

機軸頭

脚手 做工人搭的上高的架木也

位架子

秧歌

果然 猴屬身似狗首似虎面白身黑拿得其一餘衆俱至

湯飯罐 水桶

一齊同坐

一齊同坐

窑冶科值房

傢伙倉

器血

器

厚厚的

草木深厚

牲口打軟腿

位

柿子壺

小兒亂抓東西

果子糠了

嚼子上的醮水皮條

夫物衆急尋找

杆子

器使

器使

窰冶科算房

窰冶科案房

涵蕩

危宿旗

危月燕 二十八宿之一

心肝肺的總管子

剪紙人送祟

亂抓

鷹抓物 使抓

挑草木叉子 拾糞叉

佨花 異花似山蓀白圓大如珍珠採作間花海香

作亂

分散

大鍬上的小十字鍬

油罐兒雀名

拙鳥 蜀人呼鴂曰拙鳥 鴂別名三之一

婦人撒潑

有枝者

樹枝

婆羅樹 出峨眉山葉如楠皮微白爲梁棟不生蟲

行淫蕩

長啄雀

松餅

松子

虎豹抓人

揚茶

洗牌

紫羅襴花 異花草本四月開花色紫

蠱 異獸似猿而黑胸下無毛

鞔肚油

亂 同

紊亂

七

抛撒米糧

撒之

令撒

綬烏 吐綬烏別名

相等 相比

無比

相等

配天之配 配享

一般一配

幌里幌蕩走

播耶鼓

馬摇脖子

摔掇

被摔

摔之 混輪 馬摇頭

兆 十億爲兆

下米心雪

還願撒的米

亂射無準頭

士翁子 異果大如漆子味甘酸

操守

守備

執日 神名執者守成也居定之次則萬事吉此神值黃道

衛

神祇 護法神

使看守

看守

令看守

每月

當月處

月官房

月盡

月將盡

月初

月小

月大

月

月暈

月色淡

月暗

月牙

月明

月圓

月盡日

過了月了

累月

野蒜

戟

月鑼 手拿着打的

月窗

月鼓 手拿着打的

月餅

月旗

月孛星 生于月者 日月孛星

月食

十二 七

連簷

簷椽

房簷

竈門上平處

明月題 駿之紅玉頂白明月題

㨾亮些

㨾亮

月季花

山丹花

百合根

無耐性人

皮靴

無耐性人

股子皮

月堤

秏子皮馬

以手遮陽看之

臺笠 古笠

鐵馬兒

解 獬別名三之一

神羊 獬別名三之一

蒜

家賓 家雀别名

可嘉

使誇獎

誇獎

再三

馬亂踹步小走

美好

噬嗑卦

之類是也

如

七

贊善 居中允之次

進善旌

吉祥

好麽

好友

吉日

祥瑞

好 賢能

出息了

討好人

大臣們 九卿

臣 卿 同

矜飾人

倘矜飾誇大

碎麪子石

小圓肚

秦吉了 鳥名

香篓紙

十三 七

令散

流散

咱爾呢土 色黄可對顏料用

花豹 腈別名

尋着討好

十四

七

金頭鸚鵡

鼻孔大　物口邊大

莧菜

牲口摔尾

蹟跤爭拿得手處

臨事着忙

懸樑跌倒

仰面臥

迎門酒器棹　反坫

渙卦

離散之散

貫跤粘手就倒

旋網

蜜房 蜜脾

蔓菁

長毛牛 尾可作雨纓

受戒

水髮 初留之髮

數珠背雲絛子

塵世

椅搭子

椅子

庫刀

司徒

戶科

戶部

倉米

倉厫

倉科

倉場總督衙門

倉

怒毛獸 兇獸不怒毛短怒時毛卽甚長

婦人蓬首垢而

坐立高出一排貌

猛站起狀

徑直行去狀

鷹條

鷹打條

海洋

鸛鶴

十六 七

木朶支墊有縫處

發豪橫

麵塔兒餑餑

魚腹蝨

合頭 身大頭白之鳥

心神不寍

皂隸巾

枝葉豐茂

樹稍往下覆蓋者

馬七寸子毛

樹掛霜

怒而頦豎

鳥鬆毛

竹簍子　荆囤

倒木垜交相支撐進退兩難

初會 行走稀疎

使筷子

筷子

車輞

表 看時刻的

水桶

吸鐵石

打毛氈等物

使拶之

拶之

拶子

客初至又非常來者 剛好纔來之意

竹筵

老的搖頭

蕙草

使分開

分開之

爬山虎子

令分開

筏子 木簰子

三岔路之岔

樹分枝

衣衫襤褸　懶婦

鯉魚

爪

憨人

信口胡說

割的茅草胡亂放着

粢羅粢　異果出西洋之外

閭獜　異獸出几山見則有大風

風息了

風定

風起　冐風

刮風

風

弄傾側

傾側

撒拉漫達竦　異獸生於外國陰濕處足短身長黃毛黑斑

身子乏透發軟

風伯 越人見此鶻鷹飛颺則云有風

風蘭 不種於土掛根于背陰樹水澆之自生其葉冬夏長青黃白朶如蘭而細

風和日麗之章 耕耤禮成筵宴進膳時所作之樂

防風埽

順風旗

傳縫板

折檣風

[illegible]風

風和平了

使梳之

梳頭

蝦

梳脊披子箭

漸漸的

木梳

風禽 即風鷹之類

猴

戰裙

黏網

鼻翅

不成器

餓馬鮑子

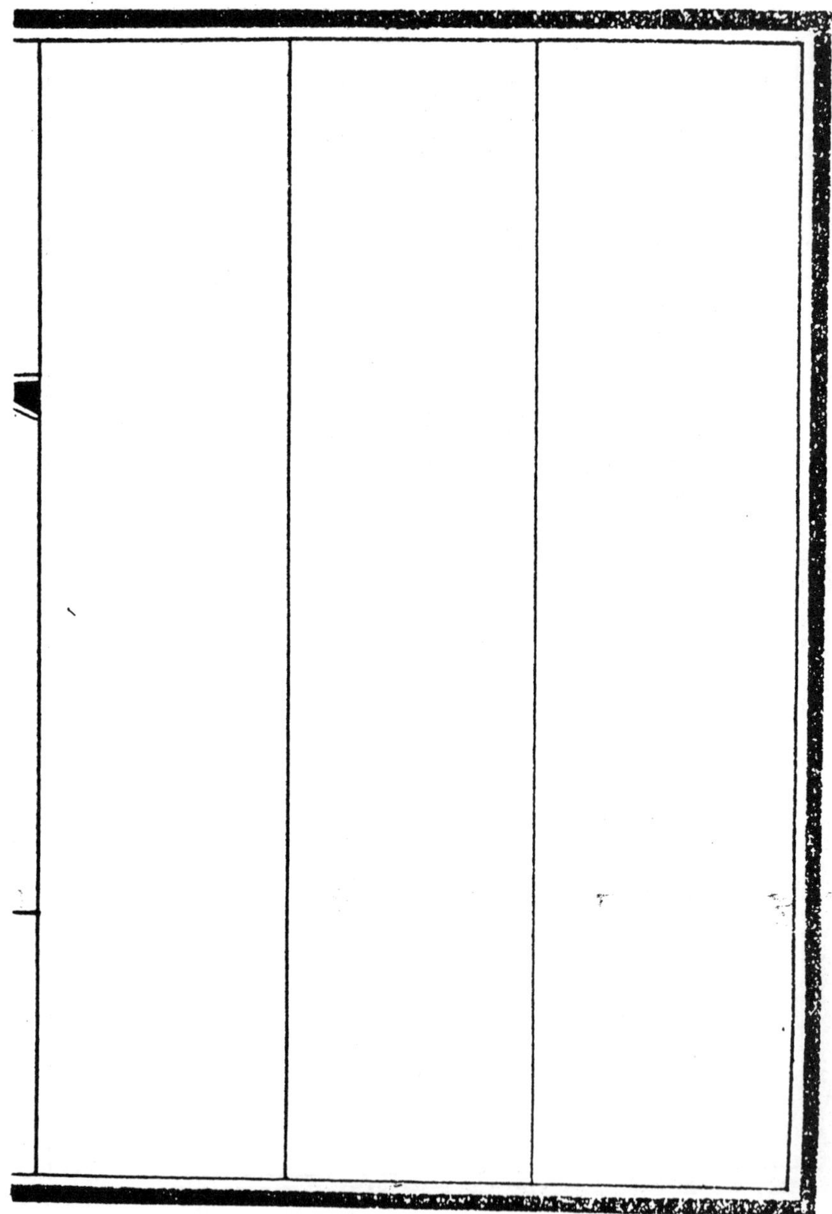

令刨開口

決口放水　掘開

嚐新

竹絡壩

篚子

新奇話

新鮮物

物不長吃間或食之

鬆散土

萌 善念之萌

將馬壓神拴細條

壓神馬尾上拴細條

河決了 刀刃磞了

落枕了

人豁牙子 凡物器缺

野水漫而高流

春氷融化

河沖決 墻豁口

折紬布紕子

西寧甘肅地名 敬避

貘 異獸似熊而小象鼻獅首牛尾黑白斑食鐵此糞打刀可截玉

順刀

承題

出題

領題

破題

題目

善心萌之萌

紬破絲斷

帢古巾帽名

直漏地紗

拖邊孝衣

悄悄的

悄悄

綢子油

香脂油

使折紙子

無心緒

可疑

疑

使疑

疑

衣襟甬 地邊

瓦松塔

聰明

畧聰明

二十四 七

日照此映彼

撩衣

躍馬

軒

得意傲慢

脊梁骨

迷而復醒

迷而復醒

有眼色

窟窿骨

盔頂盤

遮陽

歇陰凉

中瘋了

遮日傘

射工蟲

痰火病

影

麈 長尾鹿也

尾

出隊而立

嶢嶘高笠

凡物一簇笠起

嘆氣

帽沿

老牛背 貫跤絆子名 色

膀骨

令謹防

搖羅船

長尾黃羊

除夕

末尾

將完末完

舵

馬顛着走

抄尾

沒眼色

被知覺

似睡而醒

覺

覺悟之覺

不長進 不醒

乂之

兎兒乂箭

使知覺

使謹防之

知覺

謹防之

又

涼爽風

涼枕

涼快

涼爽些

乘涼

使醒

醒

小心 謹慎

[illegible] 刻符篆 [illegible]

ᡶᠣᠯᠣᠨ 銘 [illegible]

ᡶᠣᠯᠣᠪᡠᠮᠪᡳ 使雕刻 [illegible]

ᡶᠣᠯᠣᠮᠪᡳ 雕刻 [illegible]

[illegible] 果叉兒 [illegible]

[illegible] 備叉處 [illegible]

紬緞綃薄

玲瓏刀

剪羅花

同

紗

洽布

布帛稀而鬆

玲瓏飾件

豆 祭器

陰文合符

畧稀疏

稀疏

使分苗

分苗

散落

剢 雕剢也

使將肉割開煑

將肉割開煑

葛布稀而壯

弩克呀克 頭黑而頭骨高出如冠

戈戟司

鈎鐮鎗

鐵蒺藜

鎖鐄

倒鬚鈎子

二十九

七二

鼻微動笑

彼此調戲

調戲

人物耳向前生者

山巖參差

衆巘齊動貌

危峰

樹木稀疏槎枒狀

遠而稀見貌

酒醒

覺

鶺鴒別名八之

善防人 精細人

防

使防之

防之

公山羊 同 同

水痘兒

破鹿麅皮袄

心開眼亮

使勸慰

勸慰之

令以言消忘其憂

伶俐些

伶俐

花葉嫣經雨復醒

大醒了

三十七

不懂脉兒

開導　啟廸

麥穗子羊皮　跑羔皮

鐘鈕

鈕鼻

猪頰拱地

猪拱地

抖搜 同

鳥雀疵毛了

雀毛疵開狀

盛米草囤 新鈔改

蓬着頭

雀毛鬆散狀

得了汗了

無休息

休息

大家歇息

齊歇息

總不歇息

不歇息

使歇息

歇息之

令歇息

蓐草 帳房內鋪的乾草也

撒白麪

志

有心者

有志者

混亂心思

誠心堂 國子監六堂之一

心

蚱

猛醒

罅隙

瑕玷

明駝 此駝臥時腹不貼地日行千里

報捷

報 軍報探子

崇志堂 國子監六堂之一

之解的快 同

之解的快 同

珍珠鷄 吐綬鷄別名

株斑 斑鳩之紫色有斑者

起了雀搬了

而上雀搬

沾了

靜悄悄

手足無力狀 蝶緩飛

轎車

轎

嘆氣聲

乏不解

乏解的快

撥經木刀

常常的

忙忙亂亂

關脉

衣冠行動懶散狀

一併

棹木

騍

入浮水 划槳 補之 補破席

雀翅毛短缺

悄悄的

使互相調換

互相調換

往來不斷

## 한국학에 대한 저자의 변

필자가 <한국학과 우랄·알타이학>이라는 제목으로 책을 내놓게 된 목적은 한국 문화의 원류적 입장에서 한국 문화의 전체적 상황을 서술하여 '거시적 한국학' 혹은 '우랄·알타이 지역을 포용하는 한국학'을 한국 학계와 세계 학계에 알리자는 데 그 의의가 있겠다.

해방된 지 벌써 63년이나 흘렀다. 그리고 '한국학'도 많은 발전을 하였다. 그러나 대체적으로 역사의 분야에서는 삼국시대(고구려, 백제, 신라, 가야), 발해, 고려, 조선을 거쳐 현대에 이르는 과정만을 연구 대상으로 삼았거나 또는 여기에 한정된 연구와 분석을 통한 논문과 저서를 남겼을 뿐이다. 또한 역사에서 주로 '고대사' 부분에서는 상고사의 영토 문제 및 중국 대륙에서 과연 고구려와 백제, 그리고 신라가 어떤 역할과 기능을 하였으며 또한 백제와 신라의 영토가 중국에 존재 하였는가 이다. 그리고 고구려의 영토가 중국에서 어디서부터 어디까지 걸쳐 있었느냐의 초점도 역사학계에서는 늘 언쟁의 소지를 안고 있었다. 특히 고구려와 수나라 그리고 당나라와의 관계에서 전쟁이 가지고 있는 역사적 의미는 과연 무엇이었으며 을지문덕 장군의 살수대첩 승리는 수나라에게 어떤 영향을 끼쳤으며, 안시성 성주 양만춘 장군의 당나라에 대한 승전 역시 중국과 우리와의 관계사적인 측면에서 볼 때 득과 실은 지금쯤은 객관적으로 바라볼 시각이 필요하다.

또한 백제와 신라의 경우도 일본과의 문화 전수 관계만을 생각하지 말고 그 자체를 연구, 분석한 다음에 비교, 검토가 필요할 것이다. 만약 이러한 절차 없는 연구는 사상누각이 될 것은 정한 이치이기 때문이다. 그리고 발해의 역사 연구도 오늘날 너무나 매스컴 위주로 현장 답사적 연구가 진행되는 듯해서 북방 연구에 뜻이 있는 학자들에게 있어서는 매우 안타깝다. 왜냐하면 매스컴이란 짧은 시간에 많은 효과를 연출하기는 하지만 시청자의 입맛에 맞추어야 하기 때문에 편집자의 의도가 숨어 있고 또한 인기 위주의 편성도 배

제할 수 없기도 하기 때문이다. 더구나 방송은 차분히 연구하고 분석해서 결과를 기다리기보다는 결과를 빨리 시청자들에게 알리려는 방송의 본연의 임무, 성급함 때문에 잘못 전달될 가능성이 많다고 할 수 있을 것이다.

앞으로 발해의 연구는 언어학·민속학·고고학 등 종합적인 연구가 처음부터 결합하여 시도되어야 할 것은 물론이다. 또한 고려와 조선시대의 역사연구에 있어서는 고려사를 중심으로 하는 문헌 연구와 현지답사적 성격을 띤 민속 사학적인 입장도 전혀 무시해서는 안 되리라 생각한다. 그리고 고려는 주변 외적과의 관계가 끊임없이 있었다. 특히 거란과 몽고의 침입에 대한 교섭사적인 측면에서의 역사 연구는 무엇보다도 절실히 필요한 때이다.

또한 현대사의 연구도 이데올로기적인 차원에서만 볼 것이 아니라 한민족사적인 맥락에서 현대사 역시도 조명을 하여야 하며 무엇보다도 거시적인 관점과 더불어서 미래 지향적인 목표를 내걸고 문제를 해결해야 할 것이다. 또한 우리는 몽고의 침입과 임진왜란 그리고 일제시대를 조명함에 있어서 너무나 피해 의식적인 관점에서 역사를 기술하여 왔다. 그리하여 지금도 일본과의 관계는 순탄치 못하다. 이유야 어떻게 되었든지 앞으로 우리의 관계 개선이 무엇보다도 절실히 필요하다. 이것이 앞으로의 객관성을 유지할 기초의 초석이 될 것이리라.

그리고 남과 북이 갈라져 있는 현실적인 상황에서 이데올로기적인 측면에서 현대사 고찰은 가급적 피해야 한다. 우리는 애국적 입장에서 이러한 남북의 문제를 접근하기보다는 애족적인 관점에서 기술하는 것이 오히려 남북통일 이전까지 필요할 것이리라. 왜냐하면 국가를 위하는 관점에서는 상호간 안목이 학자들과 정치가들 사이에서도 다를 수 있을 것이며 같은 학자들끼리도 시대적·역사적 맥락에서 다루는 방법도 그렇게 동일할 수는 없을 것이다. 따라서 통일이 되는 그날까지는 남북이나 또는 남은 남대로, 북은 북대로 서로 감정을 아끼고 아껴 극도의 이성적인 면모를 갖추어 현대사를 조명해야 할 것이다. 자기 감정에 치우치지도 말아야 할 것이며, 서양이나 동양의 어느 사상적 사조나 시대적 흐름을 통한 한 시대의 사조에 의해서 얻은 결과에 의한 것으로의 잣대로 한국의 현대사를 기술해서는 자손대대로 씻지 못할 오점을 남기게 될 것이니 감히 누가 섣부르게 이러한 행동을 자행할 것인가. 그런데

도 오늘날 생각보다는 많은 지식인들이 시대에 영합하고 마치 시대의 양심인 양하면서 현대사의 흐름을 단순히 양극적 대립 양상으로 묘사한다면 그것은 민족의 아픔을 빙자로 그 속에서 자기 주장과 그림만 교묘하게 그리려는 속셈은 아닌지 반문도 해보는 것은 필자만의 억측은 아닐 것이리라.

동서고금을 막론하고 어떤 상황 속에서라도 자기 민족사를 외면할 수는 없을 것이다. 그것이 영광스러운 역사이건 수치스러웠던 지난날의 과거일지라도 말이다. 그리고 이러한 사실들을 학자들이 기술할 때에도 아무리 객관적인 사실이나 실증적 토대 위에서 사건을 전개한다고 하더라도 성실한 태도를 바탕으로 서술해야 할 것은 두 말할 필요가 없을 것이나 작금의 여러 정황을 판단해 볼 때 매우 유감스럽기 짝이 없다. 왜냐하면 자기의 민족사를 서구적인 시각에서만 논의하려고 한다든지 또는 너무나 실증적 위주로 역사를 보려고 애를 쓰는 학자 중에서는 한국의 신화나 고대 상고사의 중요한 핵심에 대한 부정적 견해를 보이는 것이 이러한 범주에 속해 있다고 보겠다. 그리고 또한 방심해선 안 될 것은 무조건 어떤 신빙성 없는 몇몇 문헌이나 문중의 어떤 개별적 서한문과 기행문 등 기타 널리 산재해 있는 여러 기록, 말하자면 비 객관적 자료에 의거한 역사의 기술은 더더욱 경계해야 할 것이다.

그리고 대체적으로 언어 분야에서의 지금까지는 일본 학자들이 중심이 되어 연구되었던 국어사와 국어학사 부분과 부분적으로 방언학 관계 연구가 해방 이후에 있어서도 계속적으로 연구되었다. 또한 국어학의 큰 범주에서 볼 때는 일반적으로 다음과 같이 말할 수 있을 것이다.

경성제대를 중심으로 소창진평 교수의 업적인 '조선어학사 연구'와 '향가 및 이두 연구' 그리고 '조선 방언 연구' 또한 하야육랑 교수의 '조선 방언학 시고', 이 밖에 소창진평의 작은 방언학 관계 논문인 '함경도 및 평안도 지방의 방언 연구' 등은 해방 이후에도 서울대학을 중심으로 계속적으로 이 방면의 연구를 낳게 하였다. 또한 경성제대 학파들은 해방 이후에 중세 국어에 대한 연구를 적극적으로 하였다. 여기에 대표가 될 만한 것은 중세 국어 문법이며 'ᄋᆞ'연구와 같은 소실문자 연구, 방점, 훈민정음, 향가 및 만엽집, 어두자음군, 계림유사 연구는 괄목할만하다고 할 수 있을 것이다. 그리고 해방 이후 서울대 後世代들은 국어사에 대한 안목을 갖게 된 것 같다. 아마도 이러한 이유 중의 하나는 적어도 Gustaf John Ramstedt(핀란드 Helsinki 대학 교수, 작고)의 여러 저서의 영향이 아닌가 하며 또한 Nicholaus Poppe(미국 Washington 대학 교수, 작고)의 우랄·알타이어 입문서와 그 밖의 수많은 두 분의 논문들이 해방 이후에 우리 한국 학계에 소개되었기 때문인데 더더욱 서울대를 선두로 연구되었기 때문일 것이다. 그리하여 국어사에 대한 논의가 거의 40여 년 간 끊임없이 있어 왔던 것도 사실이다.

그리고 방언학의 경우에 있어서도 이제는 현지답사를 통한 자료집인 '방언사전'류는 그런대로 몇 종류가 시판되어 나온 셈이 되었다. 그리고 최근에 이르러서는 각 지방을 중심으로 지역 방언 연구가 상당히 활발하게 이루어지고 있는 셈이다. 그리고 이러한 언어 분야를 제외하고라도 70년대 들어와서는 변형생성 언어학을 중심으로 많은 미국 및 유럽의 공시적 언어학 방법이 구조주의 언어학의 뒤를 이어 도입되어 우리 한국어 학계를 풍미하였고 이러한 영향은 현재까지도 이어지고 있는 실정이다. 그리하여 젊은 층의 경우에 있어서 언어습관을 보면 이러한 영향의 증거를 볼 수 있겠는데 예를 들면 "나는 하늘을 본다"라는 문장 대신에 "하늘이 보여진다"라고 거침없이 말하고 있고 세칭 영어의 수동태적인 표현 방법이 우리 한국에도 자연스럽게 자리를 잡아가고 있는 형편이다. 말하자면 고유의 언어적 습관을 저버리고 미국적 언어습관에 네이티브 스피커가 되어간다고 하여도 크게 무리한 말이 아닐 것이다. 쉽게 말하면 한국어를 영어화하여 실생활에 사용하고 있다는 말일 것이다.

또한 문화와 민속적인 분야를 간단하게 살펴보면 다음과 같다.

해방 전에는 조선 총독부의 답사 자료집(특히 역사, 민속, 고고학…) 등이 한국의 기초 인문과학을 거의 대변해 주었다고 하여도 과언이 아닐 것이다. 또한 경성제대의 연구팀들이 지금의 몽고, 서장, 시베리아의 연해주와 만주 일대를 어떤 침략적 목적을 가지고 현지답사를 한 자료집 및 사진첩과 연구 결과물이 이 시대에 있어서는 청구논총이나 경제제대 논문집 그리고 조선 총독부를 통해서 많이 출간되었다. 그리고 현재 서울대학교의 '경성제대 도서관' 등에는 방대한 양의 이런 도서들이 꽂아 있다. 아마도 침략 조성의 일환으로 이루어졌다고는 하지만 '조선 총독부'와 '경성제대'에서는 동아세아 그리고 북방학에 적어도 1세기 전부터 관심과 연구가 진행되었다고 필자는 믿으며 이러한 증거에 경성제대 서고에서 우리는 그 엄청난 분량의 도서에 감탄 받게 된다. 어떤 의미에 있어서는 일본이 한국을 침략했던 기나긴 세월 속에서 최대한 한국의 기초 인문과학 분야를 닦았다고 한다면 지나친 억측은 아닐 것이다. 바로 이러한 점이 우리로서는 분통하고 자존심이 상하지만 어쩔 수 없는 노릇이다. 단지 필자로서는 지금부터라도 늦지는 않았다고 생각한다. 사실 해방 전후를 맞아 우리 학계에서는 몇몇 선각자들에 의해서 문화와 민족 그리고 민속적 접근이 시도되었다.

특히 일본학자 중에서 秋葉 隆은 '만몽의 민족과 종교'라는 공저를 내놓음으로써 어느 의미에서는 '북방학'의 학문적 계기를 뚜렷하게 세상에 알리게 하였으며, 또한 '조선 무속의 현지 연구'라는 책을 통해서는 한국의 전통적 무속신앙을 현지를 통해 연구해 냈다는 사실에 우리는 많은 것을 생각하게 한다. 비록 정치적 목적이 전혀 없지는 아니 했겠지만 그래도 조선 무속을 연구했다는 것은 어떤 의미에서는 당시 천하고 누구 하나 학문적 위치에서 보려고 하지 않은 하찮은 집단을 애정을 가지고 관찰하고 현지 무속인을 찾아 굿의 장면 뿐만 아니라 여러 소도구에도 관심을 가졌다는 것은 매우 놀라운 일이기도 하다. 또한 秋葉 隆은 그의 약력에서 볼 수 있듯이 동경 외국어 대학에서는 사회학을 전공하였고, 졸업 논문으로 '무속의 연구'를 학위 논문으로 제출하였다. 아마도 그가 '조선 무속의 현지 연구'라는 책을 쓴 것도 결코 위의 사실을 통해서 보면 우연만은 아닌 것이다. 또한 그는 동경 제국대학 대학원에 입학하여 '가족 제도 연구'를 연구 테마로 삼았다. 그리고 한 때는 東洋文庫(舊 모리손 文庫)에서 일을 하였고, 민족학 연구를 위하여 佛, 獨, 英, 美國에 체류하면서 많은 공부와 견문을 넓혔다는 사실이 지금부터 거의 1세기 전이라는 것에 필자는 자못 놀라웠다. 그리고 秋葉 隆은 그 후 일제 강점기에 있어서는 경성 제국대학에서 '朝鮮 巫俗 の 現地研究'로 문학박사 학위를 취득하였다. 그 후 그는 일본의 민족학회 이사와 더불어서 'The Area Files committee of the Japanese Society of Ethnology(朝鮮部長)'을 역임한 것을 보더라도 여러 이유가 있었음에도 불구하고 한국을 연구한 선구자였던 것만은 틀림없는 사실이며 여기에 머무르지 않고 秋葉 隆은 경성 제국대학에 大陸資源科學研究所를 만든 창설 위원임을 생각할 때 그의 꿈은 역시 동북 아시아를 연구의 전체 대상으로 삼았던 것으로 추측된다면 지나친 필자의 억측만은 아닐 것이리라.

아마도 이러한 일본의 지식인 생각은 미루어 짐작해 보건대 이 당시 전반적인 흐름으로 볼 수밖에 없을 것이다. 따라서 이러한 무드 조성이 결국 대동아 전쟁이라는 세계 제2차 대전의 싹으로 발전하였을 것은 정한 이치일 것이다. 그러길래 그의 저서 중에는 '滿蒙 の民族と 宗教'가 있지 않은가 생각된다.

결국 일본 지식인은 학문과 국가가 상호보완적으로 조화 있게 균형을 절묘하게 맞추었다는 사실에 우리는 유념할 필요가 있을 것이다. 이 점에 한국학자들의 생각을 달리할 필요가 있을 것이리라.

물론 이 당시 모든 일본 지식인이 황국사관에 젖어 있었다고는 볼 수 없겠지만 적어도 상당수의 최고 엘리트 집단인 지식인과 정치인들은 일본의 대동아 정책 즉 동북 아시아에 널리 산재되어 있는 민속학, 인류학, 역사학적 측면에서 체계를 정리한 것도 어느 측면에서 볼 때는 일본이 지향했던 동북아 정책과 지식인과 학자 사이에 상호간에 이해 관계가 맞았기 때문일 것이다. 말하자면 일본의 학자들은 이러한 사실을 역사성을 통해서 볼 때 결과론적이기는 하지만 국가적 시책과 정치적 목적에 수반되는 연구를 적어도 상당히, 기꺼이 응했다는 것이다. 즉 학자들의 연구가 국가의 공통적 시책에 부합되었으며 어느 면에서는 국가적 목적에 오히려 앞장서서 주도면밀하게 이루어졌다는 사실에 우리 한국 학자들은 많은 생각을 하게 될 것이다.

생각해 보면 학자들의 연구라는 것도 국가와 민족을 위해서 좋은 의미에서 사용되어야 할 것이다. 그것이 철학이든 사회학이든 기타 민족학이든 구분되지 말고 국가관과 일치되었을 때 그 학문이 더욱 더 빛날 것이다. 말하자면 국학으로서 민족학이 되어야 할 것이며 그 민족학은 국학으로서 그 민족의 대표적 학문으로 발전되어야 할 것은 두 말할 필요가 없을 것이며 또한 그 나라의 상징적 학문이 바로 국학으로 표상되어야 할 것이다.

적어도 우리는 이러한 경우를 동양에서는 일본에서 쉽게 찾아 볼 수 있었다. 말하자면 일본의 경우는 국가관의 목표 내지 목적에 순응하고 오히려 앞장서서 국가관의 지향적 성격에 수많은 학자들이 보조를 맞춘다는 사실이다. 그리고 이러한 사실에 많은 일본 학자들은 무비판적으로 국가를 상대한다는 것이다. 그래서 우리는 일제시대에 경성제대나 조선총독부나 동경제대와 같은 국가 기관에 소속된 학자나 여기에서 연구비를 받아 실제로 현지답사를 하였던 연구위원들의 업적을 보게 되는 것이 아닌가 한다. 특히 이 시대에 지금의 러시아, 우즈베키스탄, 카자흐스탄, 키르키스탄, 만주 지역 중에서도 Orochi, Orcha, Goldi, Solon, Nanai, Hezhen(赫哲), Gilyak, Chuckhee, Kamchakadal, Orochon, Tungus족에 관한 언어와 민속(특히 민간 신앙적인 무속과 신화, 전설과 민요)그리고 역사, 고고, 인류학 등의 학문이 현지 중심적 연구가 진행되었었고 여기에 국한하지 않고 몽고지역 중에서도 외몽고와 내몽고 그 밖의 길림, 요녕, 흑룡강 등 무수한 지역에서 수많은 현지답사를 하였던 것을 보더라도 이것이 단순히 학자들의 자신에 개인적인 학문이라고만 생각할 수는 없을 것 같다. 여기에 학문적 특징 중의 하나는 분명히 국가와 민족과 학문의 상호 지향이 동일할 수도 있다는 사실을 말해 주는 것이며 또한 상호 보완적 특징임도 암시해 준다고 볼 수 있을 것이다.

이러하기 때문에 어떤 의미에서는 흥할 때는 엄청난 위력을 국가가 발휘할 수 있겠지만 이와 반대로 망할 때는 전체가 온전하지 못함도 우리는 세계 제2차 대전을 통해서 역력히 알 수 있었다.

그리고 중국의 경우에 있어서도 대체적으로 어느 의미에서는 일본과 상당히 흡사함을 엿볼 수 있을 것이다. 말하자면 중국의 대표적인 철학자라고 볼 수 있는 공자·맹자·노자·장자의 경우에 있어서도 선대로부터 내려오던 인간과 세상에 대한 관점을 참고로 하여 자신의 세계관과 인생관을 여기에 결부시켜 하나의 시대적 철학으로 승화시켰다고 본다면 지나친 필자의 억측만은 아닐 것이다. 즉 이러한 철학자들의 당시의 철학관은 역사적인 측면과 연결되어 오늘날 중국의 거대한 사상으로 발전하여 하나의 국가관과 우주관으로 자리를 잡게 되었을 뿐만 아니라 중국 민족의 영혼도 이러한 사상에 의해서 모든 활동 생활이 영향을 받기 때문에 지극히 중국적으로 삶을 영유한다는 사실이다. 따라서 철학과 사상과 신앙적인 삶이 쪼개져 있는 것 같지는 않다. 말하자면 철학관이 바로 사상에 의해 형성되었으며, 이 사상이 또한 종교와 연결될 수 있다는 것이며, 이 관계에서 중국 역사와 중국인의 삶이 함께 했다는 사실에 우리는 주목할 필요가 있을 것이다. 이러한 사실 속에서 우리는 중국 민족이 자기들의 선대에서 이룩한 철학과 사상, 그리고 신앙적 사고에 깊이 심취해 있음도 알 수 있었다. 즉 국가와 사상과 신앙 그리고 생활이 늘 함께 공존해 있음은 우리는 중국에 대해서 부인할 수 없을 것이다라고 필자는 굳게 믿는 바이다.

이러한 사실들이 일본의 경우와 매우 흡사함은 우리는 하루 빨리 인지하여야만 우리 한국도 새로운 천년을 맞아 우리의 확고한 세계관과 민족관을 가질 수 있을 것이다. 그것이 바로 <거시적 한국관> <광의의 한국관>인 것이다.

이러한 일본과 중국의 경우를 통해서 새삼스럽게 느껴야 할 필요성은 두 가지로 간단하게 요약할 수 있겠는데 다음과 같이 요약할 수 있을 것이다.

첫째로는, 그 민족의 개인은 국가를 뛰어 넘어서게 된다면 매우 불행해질 수 있다는 사실이다. 즉 개인의 위대성 역시도 그 민족관과 결부가 되어야 할 것이며 또한 개인의 위치도 결국 국가 내에서 존재해야 할 것이다. 말하자면 국가는 개인을 포용하며 개인은 국가나 민족과 더불어 가야 한다는 것이다. 이러한 사실들이 중국이나 일본의 경우에 있어서는 매우 자연스럽게 형성되고 있고 그들의 생활 속에서도 자리를 잡고 있다는 사실이다.

둘째로는, 국가가 어떤 목표를 설정했으면 일본이나 중국의 경우에 있어서는 대체적으로 민중들은 상당히 적극적으로 추종하든지 또는 묵묵하게 뒤따르는 경향을 볼 수 있었으며 또한 지식인의 경우에 있어서도 일부의 경우에서는 오히려 적극성을 갖고 체계적으로 그 국가관에 조화된 이론과 논리를 펴는 경향을 보았으며 또는 적극적인 모습은 결코 아니다 하더라도 여기에 순응하고 협조하는 자세를 보인 지식인이 퍽이나 많았다고 생각된다. 이러한 경우를 우리는 가깝게는 일제시대에 많은 우파적 지식인과 중도적 입장을 취했던 지식인을 통해서 관찰할 수 있었을 것이다. 말하자면 아마도 한국의 경우에 있어서의 지식인이나 학자, 교수들이 우파적 성향을 띄고 있다고 한다면 그것은 말할 필요도 없이 대학사회에 있어서는 '어용 교수' 등으로 몰려서 무수한 수난이 1980년대에 있었음을 우리는 기억할 수 있을 것이리라. 이러한 한국적 상황에서 본다면 일본과 중국의 경우에서는 개인적, 개별적 세계관과 인생관보다는 국가적인 어떤 이념과 지향적 목표가 더욱 중요시되고 있음을 알 수 있었으며 특히 중국의 경우 그들의 북경에 있는 '혁명역사박물관'에서도 '실사구시(實事求是)'라는 현관입구의 모택동의 대자보를 통해 알 수 있음직도 하다. 그러나 반면에 지금까지 한국의 경우에서는 대체적으로 개인의 각자 의견을 매우 중요시 하였으며 또는 개별적인 감정을 무엇보다도 높이 평하여 '솔직하다', '진솔하다', '감정을 숨김 없이 묘사하였다', '노골적인 감정을 여과 없이 숨김없이 반영하였다' 등의 평가를 받기를 원하였다고 하겠다. 말하자면 국가나 시대가 때로는 인물이나 상황을 요구할 수도 있는데 여기에는 별로 크게 달갑게 받아들이는 수용 태세는 아니었다고 볼 수 있을 것이다. 그래서 우리는 흔히 대학 사회에서나 일반 시민사회에 있어서도 지금까지는 '전유' 아니면 '전무' 또는 '생' 아니면 '사' 중의 택일적인 상황이 있었으면 있었지 중간적인 입장은 전혀 인정받지도 못할 뿐만 아니라 오히려 '어용적'이니 '무능적'이니 하는 말로써 상대방에게 입장을 난처하게 만들었던 예가 어디 한두 번뿐이었겠는가. 또한 아예 어느 의미에 있어서는 국가관이나 시대의 요구 그 자체를 인정하지 않고 무조건 반대적인 입장에서 보려고 하였으며 그것이 어떤 원칙인 것처럼 표방하여 왔던 것도 어찌 부정만 할 수 있겠는가.

그러기 때문에 우리는 중국이나 일본에게서 배울 수 있었던 것과 배워서는 안 될 것을 하루 빨리 구분하여 새로운 길을 모색하여야 할 것이다. 왜냐하면 역사적으로 보나 지리적인 여건으로 보아도 중국과 러시아는 북쪽에 붙어 자리 잡고 있으며 우리 한국인과의 성격과 그들의 성격이 너무나도 판이하게 다르기 때문이다. 또한 일본 역시도 역사적 · 지리적 여건으로 보아 남쪽에 자리 잡고 있는데다가 또한 성격과 기질 면이 너무나 다르기 때문에 상호간에 좋지 않은 감정에 휘말릴 수 있기 때문이다. 늘 우리는 이러한 상황 속에서 그들에게 주권을 빼앗기거나 수많은 전란을 통해서 얼마나 많은 고통과 수난을 '임진왜란', '병자호란', '삼별초의 항쟁', '거란족의 침입', '여진족과의 전쟁', '대마도 정벌'이라는 이름으로 치렀던가 생각하면 한스럽기 짝이 없다. 아마도 이러한 때는 우리는 앞에서 언급했던 '실사구시' 내지 '냉철하고 냉엄한 현실'을 제대로 인식하지 못했던 데에서 오는 결과임을 스스로 자인하여야 할 것이다.

그렇기 때문에 오늘날도 중국인을 대체적으로 '대륙적 기질', '만만디', '왕서방 기질', '속을 알 수 없는 민족'이라고 하면서 일본인은 '약은 민족', '손

해는 보지 않는 민족', '섬기질 족', '셈이 정확하고 빠른 민족', '깔끔한 민족'이라고 하며 한국인을 '기마족의 북방 기질과 섬의 기질이 결합한 반도 기질 민족', '체념의 민족', '사치스러운 민족', '形式을 좋아하는 민족', '겉과 속이 다른 민족', '名分을 앞세운 실리파', '되는 일도 없고 안 되는 일도 없는 나라', '실속이 없는 껍데기 같은 나라'라고 하는 것도 어느 면에서는 우리가 인정하여야 앞의 미래가 보일 수 있을 것이다. 우리 한국 사람은 형식에 약하고 내용에는 눈을 쏟지 않는다고 한다는 말 자체가 비판에는 익숙지 못하고 칭찬에는 약하다는 뜻이고 먼저 칭찬을 해주면 모든 것이 쉽게 해결된다는 의미로 받아들일 수 있을 것이다.

이상의 첫째와 둘째를 통해서 우리 민족은 우리나라와 가장 접근해 있는 러시아를 비롯하여 중국과 일본을 정확하게 알아야 할 필요성은 충분히 이야기한 셈이다. 그래야 앞으로도 우리 민족이 나아가야 할 지표를 정하고 그 정한 예정표에 의해 정진할 것이 아닌가 한다. 아무리 우리의 목표가 확고하고 무지개를 껴안은 세계라 할지라도 주변의 국가가 방해하고 이러한 사실을 먼저 알고 장애물을 친다면 소용이 없을 것은 뻔한 이치이기 때문이다.

우리는 秋葉 隆의 저서를 통해서 많은 점을 시사받았으며 그의 약력을 통해서도 충분히 배운 바 있었다. 또한 이러한 상황 등을 통해서 일본을 알게 되었으며 그 당시 조선은 무엇을 하였으며 어떤 국가관과 민족관이 있었길래 이렇게 무수한 한을 얻게 되었는가를 곰곰이 다시금 생각할 기회를 갖게 되었다고 할 수 있을 것이리라.

해방 전후를 하여 우리 민족에도 몇몇 선각자들에 의해 역사, 민속, 문화 분야에도 어느 정도 성과는 있었다. 단재 신채호의 '조선상고사'는 본래 1930년대 '조선일보'에 연재되었던 '조선사'인데 1948년 단행본으로 간행되면서 그 내용적인 여러 사항 등을 고려하여 '조선상고사'라고 게재되었다고 볼 수 있다. 저자 자신이 말했던 것처럼 '조선상고사'에 대하여 '…… 그것은 미정고이니 아직 추고를 가할 여지 있는 것이다.'라고 한 점을 보면 그가 '한국사'에 대한 애착이 얼마나 강했는가를 엿볼 수 있을 것이다. 아마도 필자의 생각으로는 그가 그토록 한국의 상고사에 집필을 집중한 것은 일제하에서 민족적인 사상을 고취시키기 위함이 아닌가 생각한다. 그렇게 말할 수 있음은 그의 저서 '조선상고사'를 보면 '총론'에서 역사에 대한 정의를 말할 때 '아'와 '비아'로 나눠서 생각한 점에서 우리를 우리답게, 새롭게 인식할 수 있을 것이다. 또한 그는 '아의 성장발달의 상태……'에서 '여진 · 선비 · 몽고 · 흉노' 등이 본디 '아의 동족으로 ……'에 관한 그의 견해와 또한 '아와의 상대자인 사린각족의 관계를……'에서 '아에서 분리한 흉노 · 선비 · 몽고며 아의 문화의 강보에서 자라온 일본이……'와 '오늘 이후는 서구의 문화와 북구의 사상이 세계사의 중심이 된 바 아 조선은 그 문화사상의 노예가 되어 소멸하고 말 것인가……' 그리고 '북벌진취의 사상이 시대를 따라 진퇴된 것이며' 또한 '흉노 · 여진 등의 일차 아와 분리한 뒤에 다시 합하지 못한 의문이며' 종교 문화상 등의 창작이 불소하나, 매양 독립적 · 단편적이 되고 계속적이 되고 계속적이 되지 못한 괴인'의 열거에서 우리는 정말 새로운 재인식이 필요할 때가 왔다고 필자는 생각하는 바이다. 어느 의미에서 볼 때 신채호 선생의 위와 같은 생각은 대륙적이고 기마 민족적 생각의 발상에서 비롯되었을 것을 생각하면 지금 우리에게 좋은 본보기가 될 것임은 자명한 사실일 것이다. 말하자면 신채호 선생의 탁견은 오늘날 우리에게 비록 시사하는 바가 컸으나 결국 우리 후배들이 행동적으로, 학문적으로 여기에 크게 동조 내지 동참하지 못함은 참으로 후회스러운 일이다. 물론 이런 필자의 생각은 결과를 통한 식견인 셈이다.

우리는 지금이라도 신채호의 생각한 바대로 한국과 과거 흉노 · 선비 · 몽고 · 여진과의 관계를 새롭게 재인식 하여야만 대륙적인 기마적 민족으로 태어날 것이다. 그리고 이러한 사실이 왜 중요한 이유는 한국적 세계화에는 이런 기질과 민족성이 꼭 기저에 수반되어야 할 것이기 때문이다.

신채호는 역시 '제2편 수두시대'의 '조선 고대 총론'에서도 '고대 아시아의 동부 종족이 ① 우랄 어족, ② 지나 어족 양자로 나뉘었으니 …… 조선족, 흉노족 등은 전자에 속한 자니, 조선족이 분화하여 조선, 선비, 여진, 몽고, 퉁구스 등 족이 되고, 흉노족이 천산하여 돌궐(今 新疆族), 흉아리, 토이기, 분란 등족이 되었으니 지금 몽고, 만주, 토이기, 조선 사족 사이에 왕왕 동일한 어사와 물명이 있음은 몽고(大元)제국 시대에 피차 관계가 많으므로 받은 영향도 있으려니와, 고사를 참고하면 조선이나 흉노의 사이에도 관명 · 인명이 같은 자가 많으니 상고에 있어서 동일한 어족인 명증이니라'라고 하였으니 여기에서도 조선, 선비, 여진, 몽고, Tungus, 돌궐, 토이기, 만주 간의 관계를 충분히 간략하게나마 밝혔다. 이러한 사실을 통해서 볼 때 역시 신채호는 조선의 선각자임은 자명한 사실이다.

또한 이 시대에 몇몇 민족적인 차원에서 역사 분야 이외에도 이능화, 최남선, 손진태, 송석하, 김재철, 김소운, 정노식, 고정옥, 이여성 등 많으나 먼저 손진태의 '민속학논고'를 생각해 볼 수 있겠다. 손진태는 그의 저서를 통해서 한국의 민속과 전통을 밝혀 보려고 하였는데 그러한 이유는 그가 아마도 일제시대에 역사학을 자유롭게 연구할 수 없었기 때문에 민속학에 주력하였을 것으로 볼 수 있을 것이며 또한 손진태는 3・1운동을 통해서 '민중'이라는 존재가 결코 무시될 수 없는 귀중한 민족적 차원에서 부각되어야 한다는 사실에 스스로 공감한 듯하다. 또한 그는 한국의 민족문화에 대한 연구는 한자에 만연한 양반 계급에서 찾기보다는 오히려 하층의 민중들에게서 발견하여야 한다는 생각이 들었을 것 같다. 그리고 결정적으로 민속학에 대한 영향은 그가 일본 와세다 대학의 사학과에 입학하여 1920년대 바람이 일기 시작한 사회주의 영향을 받아 '민중', '민족'에 대한 관심으로 전향하여 민중문화의 기저를 알아야 하겠다는 생각이었기에 이러한 학문에 몰입하였을 것이다. 또한 津田左右吉을 비롯 前間恭作, 西村眞次의 영향도 자못 컸던 것으로도 보인다.

또한 손진태는 민속의 방법론에 있어서도 '민속 조사론', '역사 연구 방법론', '비교 연구론'을 선택하여 연구하였다. 그러기 때문에 그는 연구의 성과에 있어서도 '민속학적 관심을 다른 분야 학문을 위한 보조적 입장에서가 아니라 독자적인 과학으로 인식하고 있었다'라고 말할 수 있을 것이리라. 특히 손진태는 그의 '민속학논고'에서 '조선 Dolmen에 관한 조사연구'에서도 볼 수 있었듯이 '고인돌'에 대한 고문헌과 본인이 직접 발견한 '돌멘'이며 또한 전국적 규모의 분포, 형식, 그리고 그 원형과 민족학적 의의를 기술한 것은 당시로서는 대단한 탁견임은 분명하다. 또한 '고인돌의 명칭 및 이에 관한 신앙과 전설'에서 '고인돌'에 대한 명칭이 W.G.Aston에 의해 '고인(支, 장)', '돌' 두 단어의 합성어임을 밝혔다. 그리고 손진태는 고려시대의 이규보 역시도 '고인돌'을 '지석'이라고 한 점을 지적하였다. 그리고 평안도에서 부르는 '괴엔돌' 역시 같은 것으로 해석되며 또한 '되무덤', '도무덤' 역시도 동류로 지적한 것이다. 그리고 손진태는 '장생 고'에서 '장생'의 명칭을 나열하면서 그것의 다양한 기능도 밝혔는데 하나는 물질상으로 보아 목장승, 석장승이고, 또 성질상으로 보아 이정표와 수호신으로서의 장승, 또한 소재 장소상으로 보아 사원의 장승, 읍촌동구(입구)의 장승, 경계의 장승, 노방의 장승으로 구별한 점은 오늘날의 민속학의 영향에도 지대하게 끼쳤다고 할 수 있을 것이다.

그리고 우리는 이 시대에 이능화의 업적을 생각해 볼 수 있을 것이다. 그는 (1896~1943) 종교 연구에 업적을 낸 인물이다. 그가 대상으로 삼은 종교는 무속·불교·도교·기독교 그리고 신흥 종교이었다. 그러기 때문에 이능화는 조선 종교의 통사 체계를 수립하려고 노력하였으며 또한 조선의 여성에 관한 습속과 기녀의 풍속도 함께 관심을 가졌다. 특히 그의 '조선 무속 고'는 방대한 문헌을 기초로 한 조선 무속 통사 체계라고 할 수 있을 것이다. 특히 그가 '한글자료(문헌) 89종', '중국문헌 32종', '일본문헌 1종', '출처 불확실 2종'을 합한 124종의 여러 문헌을 통해 '조선 무속 고'를 집필한 점에 우리는 놀라지 않을 수 없다. 결국 이능화의 학문은 그 방법론에서 전통적인 학문의 방법을 존중하였고 실학의 문헌 고증학적 방법도 덧붙여서 당시의 학자로서 놀라운 점을 엿볼 수 있겠으나 개체적 사실과 현상에 너무나 치우쳤기 때문에 총체적 원리나 역사성을 규명하는 데 있어서는 여전히 문제점으로 남겨 두었다고 보겠다. 말하자면 이능화는 개체들의 현상을 통해서 민족적인 문화유산인 '무속'을 보려고 한 것으로 생각된다.

또한 당시의 김재철은 1933년 '조선연극사'를 간행하여 최초로 연극사를 체계화하였다. 그는 1907년 충북 괴산에서 출생하여 1926년 경성 제일 고등 보통학교를 졸업하고, 1931년 경성제대 본과 조선문학과를 졸업하고 평양 사범학교에서 교편을 잡고 1932년 사망하였다. 그의 연극사는 차례에서 말해 주듯이 '가면극'과 '인형극', '구극'과 '신극' 그리고 결론 다음으로 부록으로 '조선 인형극(꼭두각시 극각본)'을 첨가하였다. 특히 가면극에서 삼국시대 이전의 가면극과 신라의 가면극, 고려시대 가면극 등으로 구분지어서 생각한 점과 인형극에서도 그 어의에 대한 제반 사실들을 다루었다는 것이 당시의 나이와 시대로 보아서 매우 탁견이 아닐 수 없다. 이러한 그의 생각은 후에 김일출의 '조선 민속 탈놀이 연구'에서도 읽을 수 있으며 이두현에게도 큰 영향을 주었다고 볼 수 있을 것이다. 말하자면 김재철은 한국의 연극사를 '고대 제의', '신라의 가면무', '고려의 나례나 산대도감극', '조선의 산대극', '구극과 신극'으로 구분한 점이 바로 김일출의 '원시적 탈놀이의 유습', '처용무', '가면', '검무', '향약' 5기, '나례와 나희', '사자놀이, 산대놀이(산대잡극과 산대놀이), 황해도 탈놀이'에도 영향을 끼쳤으며 또한 이두현의 '고대 제천의식', '고대의 연극(고구려악, 백제악, 신라 향약과 가면희)', '중세의 연극', '근세의 연극(산대, 나례, 광대, 소학지희, 판소리)', '가면극과 인형극의 전승 : 농경의례와 가면호희(입춘굿과 소놀이굿), 하회 별신굿 탈놀이, 산대도감 계통극', '현대연극'의 구분을 짓게 하는데 있어서도 영향이 컸음을 엿볼 수 있을 것이다.

그리고 사상적인 문제점은 여전히 남아 있겠지만 정노식의 '조선창극사', 고정옥의 '조선민요 연구', 이여성의 '조선복식사'에서는 삼국시대의 복식을 중심으로 하는 '상대 조선 복식의 전모'를 규명하고자 노력하였다. 그리고 연구 방법론도 역사고고학을 선택하여 복식 유물자료에 의해 유물 자체 연구 방법인 복식의 구조를 명확히 하려고 노력하였다. 이여성은 배화여고 배지를 도안하였다고 하기도 하며, '독서회'를 이끌고 있었는데 이 회원 모두가 이여성을 따라 월북하였다고 한다. 그래서 제자 모두 월북하여 남한에 남아 있는 사람은 하나도 없다고 알려져 있다.

또한 '한국문화사 서설'을 쓴 조지훈의 경우를 보게 되면 해방 이후 '한국문화'에 대한 견해의 저서 중에서는 가장 잘 짜여진 저서라고 할 수 있을 것이다. 특히 내용면에서 볼 때 크게 몇 부분으로 나눠 생각하였는데 '한국문화사 서설'에서는 한국문화의 성격, 한국문화의 위치, 한국문화의 발전, '한국사상사의 기저'에서는 한국 신화의 원형, 한국종교의 배경, 한국사상의 전거, '한국예술의 흐름'에서는 한국미술의 생성, 한국음악의 바탕, 한국문학의 전개, 그리고 '한국문화논의'에서는 민족문화의 주체성, 전통의 현대적 의의, 향토문화 연구의 의의, 또한 '한국정신사의 문제'에서도 민족 신화의 문제, 한국 휴머니즘의 정신형성, 개화사상의 모티프와 그 본질, 마지막으로 조지훈은 그의 저서에서 '한국예술의 이해'에서는 한국예술의 원형, 반세기의 가요문화사, 고전 국문학 주해문제를 다루었다. 특히 그의 저서 가운데에서 우리에게 감동을 주는 구절은 '…… 신화는 신의 이야기이다. 따라서 신화의 주인공은 신이

요, 신화는 신의 이야기가 아니라 도리어 인간이 터득하고 만든 원초의 인간 이야기인 것이다. 그렇기 때문에 신화는 인간이 발견한 정치와 사회와 과학과 문학과 역사의 원형으로서 의의를 지닌다.'에서 우리는 실증적 역사의 사고나 그밖의 서구적 안목에서 흔히 보는 과학적 사고를 통해서 한국의 신화를 바라보면 안 된다는 것이다. 이렇게 될 때만 우리는 민족적인 사고에서 우리 신화를 바라보며 접근할 수 있을 것이며 그래야만 한국 신화의 원형을 그나마 알 수 있고 따라서 이러한 사고 체계 속에서만 한국의 신화 체계와 사상 그리고 기저 속의 Deep thought를 건져 낼 수 있으리라.

그리고 동시대의 저서 중에서 우리의 눈길을 끄는 것은 김원룡의 '한국문화의 기원'이다. 여기에서 그는 '한국민족'과 '한국문화의 원류' 그리고 '한국문화의 기원' 등 다양한 소제목으로 한국문화에 대해 밝혀보려고 노력한 흔적이 역력히 보이며 많은 고민도 엿보인다. 그러한 이유는 확실하게 그가 하나의 획을 긋지는 않고 가능성을 제시하면서 여러 상황을 설명한 점이 오히려 긍정적 평가를 받는다고 볼 수 있을 것이다. 특히 그는 고고학의 원로 학자로서, 작고는 하였지만, 그가 평생을 통해 연구하였던 대상이 한국문화의 원류와 기원 문제인데 이러한 주제를 선사시대에서 삼국시대 말기까지를 통해서 어떤 해답을 얻으려고 고고, 인류, 역사학적인 방법을 도입한 점은 오늘날 우리에게 시사해 주는 바 매우 크다고 할 것이다.

그리고 가장 좁게는 한국의 전통적 민속을 통해 민중의 삶을 알 수 있는 것은 아마도 '세시풍속'이 아닐 수 없을 것이다. 임동권은 그의 '세시풍속'에서 '한국의 세시풍속은 오랫동안 관습에 의하여 농업·어업을 비롯하여 모든 세시풍속은 태음력에 의하였으니'라고 하였다. 그리고 세시풍속을 기록한 문헌으로는 '동국세시기', '형초세시기', '경도잡기'가 있으며 우리의 세시풍속을 알기 위해서는 참고적으로 '농가월령가', '조선의 년 중 행사(오청 저)', '세시풍속집(방종현 저)', '조선민속 고(송석하 저)', '한국의 세시풍속(최상수 저)', '남국의 세시풍속(진성기 지음)' 등이 있다고 하겠으나 가장 좋은 방법 중의 하나로는 '현지답사'이며 '현장'을 중심으로 앞으로 보다 적극적인 방법을 통해서 '세시풍속'은 더 고찰되고 연구되어야 할 여지를 안고 있다. 왜냐하면 가장 그 민족의 살아 숨쉬는 현장적 삶이 바로 '세시풍속'을 통해서 재현되기 때문일 것이다. 말하자면 '세시풍속'이야말로 그 민족의 과거와 현재 그리고 미래를 향한 출발점인 동시에 그 국가의 살아 있는 민족 삶이기도 하며 세시풍속 자체 내에는 민중의 삶과 지배계급뿐 아니라 어쩌면 사・농・공・상 모두가 이 속에 스며 있기 때문일 것이다. 우리가 흔히 역사나 고고학은 기록이나 유품, 유물, 유적 등을 통해서만 연구가 가능하며 또한 꼭 이것이 바탕이 될 때에만 그 정확성을 인정받기 때문에 살아 숨쉬는 현장적 느낌보다는 그렇게 그냥 이해되기 쉬울 뿐이다. 그러나 세시풍속이란 한국적 사고에 의한 한국적 생활 속에서 다져진 '삶 자체'이기 때문에, 모든 분야가 다 이 세시풍속에 녹아 있기 때문에 우리는 한국적 의미에서 원형적 사고 내지 삶의 순환체계로 받아들이며 이것은 연희적 행위에 의한 통과의례로 받아들이는 것이 아닌가 한다.

저자가 본 저서인 '한국학과 우랄・알타이학'을 통해서 말하고 싶은 사항 중에서 몇 가지만 밝히고 <한국학에 대한 저자의 변>을 마치기로 하겠다.

첫째로는 해방 반세기를 맞이하여 이제는 우리 문화에 대한 깊은 통찰을 통한 발전과 변화를 가져야 한다는 사실이다. 이를 위해서는 자기반성이 선행되어야 할 것은 말할 필요가 없을 것이다.

둘째로는 그 민족의 고유한 문화자체를 개발하여 하나의 모델을 만들고 다듬어서 세계화한다는 생각을 지금부터라도 할 줄 알아야 한다는 사실이다.

셋째는 우리 스스로가 우리 문화를 축약, 과장, 왜곡을 전혀 하지는 않았는가에 대한 자기반성을 하여야 할 단계가 왔다는 것이다.

넷째는 이제는 새 천년을 맞이하여 우리 고유문화를 세계화하기 위해서는 우리의 고유 모델을 '거시적 한국문화'로 삼아야 한다는 것이며, 이 '거시적 한국문화'란 그냥 탄생되는 것이 아니라 부단한 노력과 개발, 그리고 종합하여 '新種子'로 만들어야 한다는 것이다. 말하자면 지금까지 잊고 살았던 '북방문화'를 잘 결합하여야 한다는 사실에 주의하지 않으면 안 된다는 것을 깨달아야 할 것이다.

다섯째는 지금까지는 '북방문화'라고 그저 막연하게 말로만 하여 왔다고 보겠다. 그리고 추상적 개념을 가지고 '북방문화'를 요리한 셈이다. 그러다 보니 모든 것이 어설프기 짝이 없었으며 또한 정확한 이론 없이 여기 저기에 흩어져 있는 구절들을 모아서 논문이나 저서를 내 놓았기 때문에 일관성 면에서도 부족하지만 문헌적 참고에도 거의 문제점이 노출되기도 하였다. 거기에 전문적 지식을 토대로 하는 현장 답사가 이루어져야 함에도 불구하고 서구나 일본, 중국학자들의 업적을 그냥 모방 내지 번역하여 세상에 내놓기가 다반사이었다고 하여도 지나친 필자만의 생각은 결코 아닐 것이다. '북방'과의 관계는 1990년대부터 개선되어서 다행히도 지금은 러시아, 중국, 몽고 등 여러 북방 지역을 현지답사를 할 수 있는 기회가 있어서 퍽이나 다행스러운 일이다. 그러나 이제 기회는 주어져 있지만 이 기회를 제대로 활용하지 못하는 데 문제가 자못 심각한 지경에 왔다고 필자는 감히 말하고 싶은 것이다. 그러한 이유 중의 몇 가지는 다음과 같다.

첫째, 이제는 중국 지역에도 갈 수 있는 기회가 왔기 때문에 우리는 우리와 적어도 同系로 볼 수 있는 지역인 내몽고 자치구라던가 Uigŭr와 더불어서 신강성 그리고 부분적으로 티벳, Santa어(Santa is spoken in the chinese province of Kansu, It is spoken by about 150,000 people), Mongour어(Mongour is spoken in parts of the province Kansu and Chinghai in China), Dagur어(Dagur is spoken by 250,000 people in North-Westsrn Manchuria) 등의 중국지역에서 Altai언어가 사용되고 있지만 현지답사 前에 충분히 문헌적 연구가 검토되어야 함에도 불구하고 우리의 현 실정은 그렇지 못하고 있는 것을 부인할 수 없을 것이다. 말하자면 중국 내의 알타이어족이 살고 있는 분포도를 먼저 작성하고 여기에 준하는 선행 연구가 검토되어야 한다는 것이다.

둘째, 또한 몽고 지역에도 이제는 마음대로 가는 세상이 되었다. 우리는 사실상 지금까지 우리 민족을 알타이계라고 하면서 더욱 더 Mongolian 인종과 가장 가까운 동족이라고 하지 않았는가. 또한 이러한 차원에서 어린아이의 궁둥이에 있는 파란 점을 '몽고 반점'이라고까지 그동안 말하여 왔다. 사실상 몽골어는 적어도 Mogo(Mogol is spoken in Afghanistan), Oriat어(Oriat to which Kalmuck also belongs us spread over a Vast territory, Oriat dialects are spoken in the North-Western part of the Mongolian people's Republic(Outer Mogolian)), Buriat어 (Buriat is the Northern most Mongolian Language. It to spread mainly in the Buriat

Autonomous Socialist Soviet Republic, East Siberia. Varios groups of Buriats live also in the Irkutsk and Chita regious(in East Siberia) and in the area called Barga in Manchuria. Some Buriats live also in the largest Mongolian in the narrower sense, is the largest language among its immediate relative. It comprises a number of dialects spoken the Mogolian People's Republic and Inner Mongolia, including about 650,000 in Outer Mongolia and 1,465,000 in Inner Mongolia. Khalkha어(Khalkha is the most important dialect of Mongolian. It is spoken by almost 650,000 people, I. e, 75% of the total population of the Mongolian People's Republic. …Khalkha compries a number of subdialects. The subdialects spoken in the Eastern and Southern parts of the Mongolian Peopel's Republic display some features common to Mongolian dialects spoken in parts of Inner Mongolia) 그리고 이 밖에도 제어(諸語) 등이 있다. 그래서 이제는 단순하게 '몽고어'라는 표기보다는 'Buriat Mongo어' 등으로 하여야 할 것이다. 이러한 표기를 주장하는 것은 이제는 그만치 이 분야의 연구가 진행되어야 한다는 뜻이다. 또한 이제는 몽고로 현지답사를 가는 실정이기 때문에 더더욱 이러한 분위기가 필요한 것이리라. 말하자면 이제는 막연하게 'Mongolia'라고 하지 말고 좀 더 구체적이면서 적극적인 방법으로 이 분야를 수용해야 할 것이다. 가까운 러시아나 일본은 이 지역에 대한 연구를 적어도 1세기 전부터 연구를 하지 않았던가.

셋째, 그리고 이제는 신채호 선생이 말했던 것처럼 '흉노 등의 일차적으로 우리와 분리한 뒤에 다시 합하지 못한 의문이며…'라는 차원에서 지금부터라도 이 방면에 노력을 해야 할 것이다. 그리고 이 지역의 언어에 대해서도 다시 거론한다면 이와 같을 것이다.

Juchen or Jurchen is an extinct language which was still spoken in Manchuria at the time of the rise of the Mongols in history(1388-1644) 그리고 Manchu어(Manchu is the literary language of those Manchu who Conquered China and established there the Ch'ing dynasty(1644-1911)).

It was also their colloquial language. At the present time there a few speakers left, although Manchus, Solons and Dagurs). 그리고 Goldi어(Goldi or Nanai, as they call themselves, are a small people of 7.000 in the lower course of the Amur river). Ulcha어

(Ulcha is spoken by hardly more than 1,500 people in an area located down-stream of that of the Goldi. Some scholars regard it as independent language but, according to others, it is a dialect of Nanai. At any rate, it does not possess Classification features distinguishing it from Goldi.) Orochi어(Orochi is spoken in the Amur region on the sea-shore. the number of speakers amounts to a few hundred). 그리고 Oroki어(Oroki is spoken by a few hundred people on the island of Sakhalin. It is little explored) 또한 Udehe어는(Udehe or Ude is spoken by a small group hardly exceeding 1,000 speakers along some tributaries of the Amur and Ussuri) 그리고 Negidal어(Negidal is spoken by less than 800 people in the basin of the Amgun river) 그리고 Evenki어(Evenki is spoken in various of Eastern Siberia, mostly in the northern parts of it, roughly between the yenisei river and 85° of northern latitude. The total nomber of speakers approximately amouts to 40,000. Evenki is divided in three groups of dialects, the northern, southern, and eastern. Evenki received its script in 1030. First it wsa based on the Latin alphabet, but since 1038 the Cyrillic alphabet has been used). 또한 Lamut어 (Lamut is spoken by 9,000 people in Various parts of the Magadam and Khabarovsk regions(Krai) in Kamchatka, and in the Autonomo Yakut Soviet Ropublic. ……There are three Groops og Lamut dialects : the eastern, western, and central. The Lamut did not have any kind og writing prior to 1931. The present Cyrillic alphabet was introduced in 1937). 그리고 Solon어(Solon is spoken by a few thiusand people in North-Western Manchuria, in the citis of Tsisikar, Hailar, Butkha, Mergen, Manchuria along the Russian frdntier. The Solon do not have a system of writing of their own. Those who can write and read use Manchu). 또한 이밖에도 여진의 경우에 있어서도 누구의 언어 채집에 의한 음성표기나에 따라서 명명이 상이할 수 있겠다.

예를 들면, 김광평의 음성표기법이 있을 수 있을 것이며 또한 W. Grube와 L.Legeti의 음성표기 방법이 명명이 약간씩 상이할 수 있겠는데 가령 여진어에서는 '산'의 의에 해당되는 음을 '아리'라고 하는데 다른 음성표기법에 있어서는 'ali,"a-li' 등과 같이 쓰임을 알 수 있을 것이다. 또한 만주어의 경우에 있어서도 표기체계에 있어서 문헌어적 표기법과 구어적인 방법이 상이한데 가령 만주어에서 '산'의 의에 해당하는 음은 'alin'인데 이는 문헌어적 표기이며 구어적 표기는 'aliN['alin]'이다. 이러한 사실을 통해서도 이제는 막연한 지식과 학문적 모호성에서 탈피하여 구체적 분석적 그리고 현장성을 최대한으로 살려 낸 '북방학 연구'가 절실하게 요구된다고 하겠다. 말하자면 지금까지의 만주, 여진, Tungus에 관한 학문적 체계는 너무나 근시안적이었으며 풍선처럼 뿌리 없는 지식이 난무하였다고 할 수 있을 것이다.

넷째, 또한 '북방학은 위와 같은 현실 속에서 연구가 있어 왔음을 누구도 부인할 수는 없을 것이다. 설상가상으로 알타이어족 중에서 Chuvash-Turkic에 대해서는 더더욱 우리에게 달라진 바도 거의 없는 상태이지만 많은 문헌이나 현지답사를 통해서 이론적, 현장적 토대 위에서 Turkey계를 연구할 필요성이 있다고 할 수 있을 것이다. 그리고 이 지역의 언어에 대해서도 다음과 같음을 알아야 할 것이다.

Chuvash어(The only surviving, r-language <'none' versus Turkic toquz> is Chuvash which is spoken by almost 1.5million people in the Chuvash Autonomous Sociallist Soviet Republic in the USSR. to be exact, in the middle course of the Volga River. It comprises two main dialect(spoken up stream).

Chuvash is the descendant of one of the dialects of the ancient Volga Bulgar which was spoken in the Bulgar Kingdom on the banks of the Ⅶ centry AD to the Ⅴcentry) 그리고 Turkic 언어를 보면 다음과 같다.

Yakut어(Yakut is the northernmost Turkic language and is spoken in the Yakut Autonomous Socialist Soviet Republic, in the Northern part of East Siberia. The Yakuts call themselves Sakha(saxa). The name Yakut was given to them by the Turqus who called them. The Yakuts number approximately 240,000. The Yakut language differs considerably from all the orther Turkic language both phonemically and Morphologically, as well as with regard to be vocabulary which is less them 50percent of Turkic orgin. 또한 Tuva-Khakas group에 속한 언어들은 다음과 같다.

Tuvinian어((Thva, Soyot, 또는 UriaKhai)spoken by 100,000people in the Autonomous Tura Region, in Eastern Siberia(prior to 1944 a semi-independent people's republic, a satellite of the USSR since 1921). is an adag-language. 그리고 Karagas어(Karagas(Tofu). Uselly related to Tuvinian, is spoken by 500-600 people in a locality of the Krasnoyar나 province(Kri). They are belived to be decendants of Samoyeds who adopted a Turkic language). Yellow Uighur어(The Yellow Uighur sari uyrur are a small group living in the chinese province of Kansu.……Some Yellow Uighurs speak a particular Mingolian dialect) 그리고 Shor어(Shor sor is spoken by 105,000 people in the northern part of the Altai range and in the Kuznetsk Alataw mountain range, in the river basins of Kondoma, Mrass, and Tom). 그리고 Chulym어(Chulym cilim is the collective name of the dialects Ketsik, kuarik kuarik, and Chulym proper shich are spoken in the basin of the Chulym has no script. Its speakers use the Russian literary language).

이 밖에 있어서도 Turkey언어에 있어서는, Tuba and related dialect가 있으며 또한 The Kypchak Group 등의 언어와 그리고 Karai어와 Knmyk어 Karachai-balkar어 Crimean Tatar어 인데 여기에서 Crimean Tatar was spoken, prior to World War Ⅱ, by the Soviets during World WarⅡ,……Crimean Tatar is now 'the language of a small ethnec grdup living mainly in the Uzbeck Republic.' ……They spoke a dialect vary little differing from standard Turkish. The speakers of this dialect numberd(1940) hardly more than 50,000.……The Crimean Tatar language can be regarded as proctically extinct). 그리고 Tatar어(Tatar tatar is spoken by almost five million people mainly on the Autonomous Republic and in the adjacent parts of the Volga region, and in various places in Western Siberia. Their Language comprises seven dialects. The central dialect is spoken by more than 1.5million people in the republic. This dialect is also Called Kazan Tatar(after the name of the capital) or kazan Turkic.

The Western or Mishar misar dialect is spoken in the Gorkii, Tambov, Voronez, Ryazan, Penza, Simbirsk, Samara, Saratov and orenburg regions, in the Autonomous Mordvan Republic, and in the Bashkin Republic……)

또한 Bashkin어는 'Bashkin basqθrt is Spoken by 900,000 in the Autonomous Bashkin Soviet Republic in the Volga region.……Formerly, the Bashkin did not have a literary language of their own but need the same literary and script as the Tarars)이며 이 외에도 Turkey 제어에서는, Nogai어, Kazakh and KaraKalpak어가 있겠는데 여기에서 Kazakh어는 'Kazakh qazaq is spoken by 3.5 million people in the Kazakh Union

Repubilc'에서 사용되고 있으며 또한 Kirghiz어는 'Kirghiz qir ɣ iz (또는 Kara-Kirghiz as it is called sometimes) is spoken by almost one million people in the Kirghiz Union Republic'에서 1만여 명이 현재 사용하고 있다고 보겠다. 또한 알타이어, The Changhatai Group, Uzbek어 East Turki어, Salar어, The Turkmen어가 있다.

그리고 Turkmen group어에 있어서는 'The Turkmen(on Southern) group comprise Turkmenian, Gagauz, Turkish and Azenbaijan Turkic'와 같이 Turkmenian어 Gagauz어 Turkish어 그리고 Azerbaijan어 등으로 구분하여 볼 수 있을 것이다. 또한 Turkey 제어의 경우는 매우 복잡하게 얽혀 있기 때문에 위와 같은 대단위의 다양한 제어와 더불어서 다음과 같은 제어도 있다.

Historical periodezation of Turkic languages는 'The history of the Turkic languages can be followd back into the times much older than the history of the Mongolian or Manch Tungus Languages'의 차원에도 볼 수 있을 것이다. 여기에는 The language of the Huns이 있는데 이는'There is among whom there had been tribes speaking a language which may regarded as the oldest possible from of Turkic and indentified with Proto-Turkic'라는 차원에서 보았기 때문일 것이다. 또한 Historical periodzation of Turkic language에는 'Volga and Danube Bulgarian'이 있으며 그리고 'Ancient Turkic 어'어가 있겠다. 이 Ancient Turkic어는 'The Turks became known, for the first time in history, in the Ⅵ Century. Even recorded in Byzantine sources.'와 같이 6C경에야 비로소 알려지기 시작하였다. 또한 Turkey의 문자에 대해서는 일반적으로 다음과 같이 알려져 있다. 첫째는 'Runic script'이라는 문자이다. 이 문자에 대해서는, 'Ancient Turkic includes the language of the so-called Orkhon-Yenisei monuments written in runic script. There monuments, inscriptions on steles, are found in the area around the Upper course of the yenisei river in East Siberia ; in the Valley of the Orkhon river in Outer Mongolia and in the area east from Orkhon, inclouding a Locality situated not far from Ulbaz Bator, the Capital of the Mongolin People Republic, to the exact, some 25-30miles to the east.……Besides inscription on steles, a look of divination, some documents and fragments of Manichean and other manuscripts in runic script have been preserved.'이라고 한 점을 보면 'Runic script'은 고대 Tukey 어를 이해하는 데 무엇보다도 중요한 열쇠이기 때문에 '룬 문자'의 해독은 매우 중

요하게 받아들일 수 있을 것이다.

둘째는 'Brahmi script'이라는 문자인데 이는 'Somr Ancient Turkey texts are written in Brahmi script. The Brahmi script as was need by the Turks in Centural Asia is shown in the table on p62'에서 보듯이 현재에서는 이 'Indic Alphabet'를 옛 문헌에서만 볼 수 있다.

셋째는 'The Manichean script'인데 이 문자는 'A number of Ancient Turkic texts are written in the so-called Manichen script. Ancient Turkic who professed the Manichean religion used a script which is called the Manichean script. Other Manichean Turkic and also non-Manichean Turkic(Bubbhists) used the so-called script which had devdloped from Sogdian.……

The Manichean script goes back to the Palmyran script which is one of the Varieties of the Middle Aramaic script. Paimyran is aiso regarded as the prototype og Syriac from which Estrongelo developed'에서 보듯이 역시 이 문자도 옛 문헌에서만 볼 수 있다.

넷째는 'The Sogdian script' 문자인데 이 역시도 'A number of Ancient Turkic texts are written in Sogdian script. The Sogdians were an proper who lived in a country which included the present Tadjikistan(In the USSR) and the adjacent areas of Uzbekistan. The Sagdian script was rarely used by the Turkic, and there are only Buddhist manuscripts written in it. Most of the letter probably date from the Ⅷ Century.' 마찬가지이며 또한 'Uighuric script'에 대해서도 역시도 'By far the larger number of Ancient Turkic texts, namely those of later origin(Ⅸ～Ⅹ Centuries), are written in the so-called Uighur script. The letter developed from the Sogdian alphabet, to be exact, from what the German scholars call "Sogdische Kursivschrift", I. e., Sogdian speed writing. The Uighur alphabet Was, at a later time, probably in the second half of the Century, transmitted to the Mongols.

Works in Uighur script are mostly Buddhistic, Nestorian, and Manichen in content, although there are also fragmento of Calendars, astrological works, and specimens of poetry. …… The Buddhist literature in Uighur script reached its acme in the Ⅸ～Ⅹ Centuries.' 이와 같음을 통해서 볼 때 이제는 거의 고문헌이나 옛 비문을 통해서나 찾아 볼 수 있을 것이다.

이상과 같이 사실상 '북방학'이란 다채롭고 다양하고 방대하면서 그 부분 부분이 섬세하여 어디서부터 터치를 해야 할지 그렇게 용이한 일은 아닌 듯 하다. 이러한 관점에서 본다면 지금까지 한국에서의 '북방에 대한 연구'는 무계획적이며 기초를 거치지 않고 바로 본론으로 들어와 무엇인가를 열심히는 건드렸지만 그것들이 지금 와서 생각해 보면 매우 무모한 단편적 지식의 종합체였다고 하여도 과언은 아닐 것이다. 아마도 이러한 생각은 필자만의 생각은 아닐 것이다.

이제 우리는 '한국학'을 원본대로 정확하면서도 기초부터 차근차근 고찰할 시기가 왔다고 필자는 생각한다. 말하자면 이제는 자료가 없다느니 또한 북방지역에 갈 수 없다느니 하는 이러한 옛 모습의 논리에 맞춰서 '한국학'을 해서는 안 된다는 것을 명백한 현실로 받아 들여야 한다는 것이다. 이제는 '북방학'도 뚜렷하게 'Ural-Altai학'이라고 구체적으로 칭하면서 바로 이것이 '한국학'이며 이러한 'Ural-Altai학'이 전제되지 않은 '한국학'은 '형식적 한국학' '협의의 한국학' '임시적 한국학'이 자연히 될 수밖에 없을 것이다. 우리는 이러한 의미에서 볼 때 '한국학'이란 그 바탕이 'Ural-Altai학'이어야 하며 또한 이러한 학문적 기초와 바탕이 이루어 졌을 때만 '거시적 한국학' '미래지향적 한국학' '대륙적 한국학'의 면모가 갖춰지게 될 것은 명확한 사실일 것이다. 그리고 우리는 'Ural학'에 대해서는 거의 외면한 채 오랜 세월을 보냈다. 여기에는 몇 가지 이유가 있기는 하다. 몇 예를 들어 보면 다음과 같다.

첫째로는, 한국어가 처음에는 Ural-Altai제어에 속한다고 하다가 나중에 들어와서는 Nikolaus Poppe나 Gustaf John Ramstedt의 학설에 따라서 Altai 제어 쪽으로 기울어졌고 이것이 정통적 학설로 인정됨에 따라서 상대적으로 Ural 제어에 대해서는 외면하기 시작해서 현재에 있어서는 거의 연구의 실정이 전무하다고 하여도 과언이 아닐 것이다.

둘째로는, Ural 제어에 속한다고 흔히 말하고 있는 지역은 옛 소련을 비롯하여 스칸디나비아 반도의 Finland와 Hungary 등 동·북 구라파에 있는 곳이기 때문에 지역적으로도 멀 뿐만 아니라 연구의 대상으로 하기에는 그 지역 사정이 매우 용이한 일이 아니었기 때문이었다.

셋째로는, 선입견적인 측면에서 볼 때 과연 한국어와 Ural 제어 간에 얼마

만큼 유사성이 있을까 하는 막연한 심리에서 연구가 별로 없었던 때문이 아닐까 한다. 이러한 상황이 거의 해방 이후 현재에 이르는 과정에까지 그대로 지속되었기 때문이다.

그러나 우리는 'Ural-Altai학설'이나 'Altai학설'이나 모두 우리 스스로 연구하여 결정해야 할 과제를 안고 있다고 하겠다. 설령 '古 Asia학설'이거나 '古 Siberia학설' 또는 그 밖에도 '고대 한반도 학설' '북방계 와 남방계의 혼합설'을 주장할 수도 있을 것이리라. 그러나 이 모든 학설 자체를 우리 학계가 스스로 검토하고 검증하여 비교적인 측면에서 연구한 그 결과를 토대로 어떤 학설은 인정해야 할 것이며 또한 그렇지 못한 학설은 인정하지 못할 것이다. 또한 그렇지 못한 학설은 어디가 어떻게 문제점이 있는지를 스스로 밝혀내어 비판을 가해야 할 것인데 해방 이후 외국 학설만 일방적으로 무조건 수용하기만 급급하였기 때문에 제대로 제 학설들을 이해하고 여기에 대한 안목이 모자랐기 때문에 어쩔 수 없이 비판을 할 수 없었다. 따라서 외국학설에 의존한 체 무조건 그 이론에 매달릴 수밖에 없었던 것이다.

그러하기 때문에 어떤 학설을 정확하게 따르기보다는 밀려 들어 오는 모든 학설을 우선 알아야 한다는 사실이 보다 시급하였던 것이다. 그러다 보니까, 결과는 학설이 난무하여 학설끼리 경쟁되었던 것도 지난날의 우리 학계의 현실이었던 것이 사실이었다. 그리하여 설상가상으로 독일에서 유학한 학자들은 독일식 사고체계와 학문적인 전통 방법을 고수하려고 하였으며 미국에서 공부하고 온 학자들은 개방적 민주적 사고방식의 학문적 자세를 고집하려고 노력하였으며 또한 그동안 경성제대나 일본에서 공부하여 온 최초의 신세대들은 일본 제국주의식 방법을 통해 엄격하고 권위주의식 생각을 버리지 못했던 점을 우리는 솔직하게 시인하여야 할 것이다.

말하자면 한국식의 방법론이나 '틀'이 없이 짜깁기식 서구의 모자이크식 학문 방법에 우리는 젖어 있었던 것이었다.

이제부터라도 한국식 방법론을 개발하여야 할 단계에 왔다는 것이다. 말하자면 한국학의 개념과 정의 그리고 학문적 성격과 범위까지도 우리 스스로 결정하고 결정한 다음부터는 여기에 스스로 맞추어서 연구하여야 할 것이다.

사실 지금까지는 우리 스스로 결정해서 연구한 바도 거의 없었지만 실제적으로 어느 정도 결정하였다고 하더라도 조금 있으면 곧바로 이러한 결정 사실을 번복하고 또다시 거론해서 다시 원점으로 돌려놓은 경우도 우리는 허다하게 보아 왔던 것이다. 물론 학문이란 국제성을 벗어날 수는 없다고 하더라도 민족의 독자성을 부인할 수만은 없는 것이다.

앞에서 언급한 'Ural학' 역시도 우리 스스로 연구할 단계에 왔다는 것을 강조하고 싶다. 원래 Ural어족은 소련 서북 Siberia, Ural산맥 동쪽과 서쪽 그리고 남쪽 Volga강 중류지역 Estonia 공화국, 까렐리아 자치공화국. Hungary, Rumania, 체코슬라바키아, 유고슬라비아 등지에서 사용되는 어족이며 전체 사용자 수는 약 3000만 명에 이른다.

대체적으로 Ural어족을 간단하게 분류하면 다음과 같다. 크게 보면 Ural어족은 '핀-우그르'어파와 'Samoyed'어파로 구분하여 생각할 수 있겠다.

### 〔A〕 Samoyed 어파

언어는 Ural어에 속하며 러시아 서북 최 북쪽에 살고 있는 몽고인 들이다. 한때는 싸얀산맥 근처까지 Samoyed족들이 분포하였다. 전체 인구는 약 30,000명 정도이며 순록을 방목하는 유목민족이다.

이 Samoyed어파에는 다음과 같은 제어들이 있다.

① yurak어가 있는데 자신들은 Nenets라고 하여 '사람'이라는 뜻이다. 인구는 23,000명 정도이다. 이들은 주로 순록을 방목하고 살며 어업 사냥이 주 생업이라고 하였다.

② Enets어가 있는데 일명 '예니세니 Samoyed'라고 칭하며 인구는 300여 명 정도이다. Enets라는 말 역시 '사람'을 뜻한다. 역시 주로 순록을 사육하며 어업이 생업이다.

③ Selkup어가 있는데 인구는 3,000여 명 정도이다. Selkup 또는 solkup이라고 자신들을 말하고 있는데 이 말은 '타이가 출신의 사람들'을 뜻한다. Selkup족의 수사 단위는 과거에 있어서는 '다람쥐 가죽'이었다고 한다. 그리고 Selkup족은 사냥과 어업이 주업이며 순록은 교통수단의 일종이라고 한다.

④ Targi어는 Russia 중부 Siberia의 최 북쪽에 위치, 말하자면 소련 민족 중에서도 가장 북방에 살고 있으며 인구는 약 800여 명 정도이면서 생업은 어업, 사냥 순록을 기른다. 극지에 살고 있기 때문에 아직도 원시성을 갖고 있다고 하겠다.

⑤ Kamassi어는 아직 그 인구수를 모르고 있는 형편이다.

### 〔B〕 Fenno-Ugric어파

우랄어족에서 Samoyed어파가 분리된 후 Fenno-ugric어파는 '우그르 어계', '핀-페름 어계', '핀-불가 어계', '핀-라프 어계', '발덕-핀 어계' 등으로 나눠 발달하였다.

#### (가) 우그르 어계

Fenno-ugric의 공동체 어파는 '우그르 어계'와 '핀-페름 어계'로 나누어지며 '핀-페름 어계'는 그 후 계속해서 '핀-불가 어계', '핀-라프 어계', '발덕-핀 어계'로 분리되어진다. 또한, 'Ugric 어계'는 '오브-우그르 어계'로 나눠져 여기에서 'Vogul어', 'Ostyak어'로 구분되며 또 'Ugric 어계'에서 'Hungaria어'로 나뉜다. 또한 Ugric 문화의 특징 중의 하나인 몽고족처럼 말(馬)의 문화인 유목문화였다는 것이다.

① Vogul어는 소련 러시아공화국 안의 우랄 산맥 동쪽 시베리아에 있는 Khanty-Mansi민족지역에 살고 있는 민족의 언어이다. 그들은 자신들을 Nansi족이라고 하며 인구는 6,500여 명이다. 5C경 동쪽에서 온 여러 동방 민족의 영향을 받았으며 생업은 사냥이며 특히 웅(熊)을 숭배한다. Mansi족은 Mosh와 Por족으로 나뉜다. Por족은 신화에 따르면 하늘의 아들인 곰의 자손이라 하며 또 다른 신화에 의하면 곰은 여자 곰이었고 이 여자 곰이 여자 아이를 낳아 자손이 퍼졌다는 이야기가 있다.

② Ostyak어는 Vogul어 사용지역과 큰 차이는 없다. 자신들을 Khanty족이라고 부르는데 이는 Ostyak어로 '콘다 강 근처에서 온 사람'이라는 의미로 'Khandt-Kho'에서 유래되었다고 한다. 이들의 문화 역시 웅(熊)을 숭배하는 민족이다. Khanty의 인구는 약 19,000여 명쯤 된다고 한다.

③ Hungarian어는 Magyar족의 언어이며 헝가리인들은 헝가리에 1,100명 그리고 체코, 유고, 루마니아, 소련, 오스트리아에 300여 만 명이 살고 있다고 한다. Magyar족은 문화와 관계를 가졌으며 또한 이란계와도 문화적 교류를 갖게 된다. 이러한 이유는 Magyar족이 반유목 민족이기 때문이다. 또한 Hungary는 Turkey계 Khazar족의 지배도 받게 된다. Hungary라는 말의 유래는 5C경 이동을 할 때 Turkey계 언어로 이름 지어진 'on-Ogur'라 하여 의미는 '열 개의 화살'이라는 뜻이다.

(나) 페름 어계

'핀-페름 어계'는 '페름 어계'와 'Fenno-Volga 어계'로 나뉜다.

① Votyak어는 소련의 Kama강변 Udmurt인이라고 하며 인구는 60만 명 정도이다. 17C 이전까지는 Turkey계 민족들의 지배하에 있었다.

② Syrjan어는 소련의 Komi자치 공화국에서 사용되고 있으며 우랄 산맥과 Kama강 사이에 있는 Komi-Permyak민족 지역에서도 사용된다. 자신들은 Kami족이라고 부르며 이 Komi의 의미는 '사람'이라는 뜻이다.

(다) Volga 어계

'Fenno-Volga 어계'는 다시 'Volga 어계'와 'Fenno-Lapp 어계'로 나뉜다. Volga 어계는 Mordva어와 Cheremis어로 나뉜다.

① Mordva어는 소련 서부 Siberia Volga강 좌우편에 살고 있는 Mordva족의 언어이며 Mordva 자치 공화국을 구성하고 있다. Mordva족은 Moksa족과 Erza족으로 구분된다. 인구는 130만여 명이며 16C 이전까지는 Turkey계 Tatar족의 지배하에 있었다.

② Cheremis는 자신들을 'Mari'라 지칭하며 이 의미는 '사람'이라는 뜻이다. 인구수는 50여 만 명에 이르고 있으며 Turkey계 영향을 받았으며 13C-16C까지는 Tatar족의 지배를 받았으며 17C에 들어와서는 러시아의 지배를 받았다.

(라) Lapp 어계

Fenno-Lapp 어계는 Lapp어와 Baltic-Finn 어계로 나뉜다.

① Lapp어는 Norway, Sweden, Finland, Russia 4개국의 북쪽에 위치한 언어이다. 인구는 3만여 명이다. 자신들은 Saame족이라고 부르고 있으며 원래는 몽고계이어서 고대 시베리아 원주민이 후에 핀-우그리아 어계의 영향을 받았던 것으로 추측된다. 이 Saame족들은 현재 러시아의 서북단 Kola반도에 살고 있다고 한다.

(마) Baltic-Finn 어계

Baltic-Finn 어계는 Finland와 소련 접경지역과 Ladoga호수 근처에서 사용된다. 현재는 Estonia, FinnLiv, Vatja, Vepsa, Karelian어로 나뉜다.

① Estonian어는 소련 내의 15개 공화국 중의 하나이다. Baltic 3국이란 Estonia, Litvia, Lithuania를 말한다. Estonia 인구는 약 100만 명이며 1,200년대부터 여러 지명과 인명이 기록되어 있다. Estonia는 독일 Denmark에게는 13-14C, Poland에게는 16C, Sweden에게는 1645-1710년, 그리고 다시 독일의 지배를 받았으며 1917년 독립되었다가 1940년에는 소련이 합병되었다.

② Finnish어는 Finland와 Karelia자치 공화국과 Leiningrad 부근에서 사용된다.

③ Liv어는 Latvia공화국 수도인 Riga 부근에서 약 150여 명이 사용한다고 한다.

④ Vatja어는 Estonia공화국 동부에서 수십 명이 사용하고 있다.

⑤ Vepsa어는 약 10,000여 명이 사용하고 있다.

⑥ Karelian어는 Karelia자치 공화국과 Kalinin지역에서 사용한다. 인구는 18만 정도이고 Finn어와 매우 가깝다.

이상에서처럼 우랄어족의 제어들을 어계(語系)별로 나눠서 생각해 보았다. 참으로 많은 제어(諸語)들을 우리는 그동안 잊고 살았다고 할 수 있을 것이다. 생각해 보면 참으로 어처구니없기도 하지만 후손으로 안타깝고 억울하기도 하다. 이토록 거대하고 장엄한 우랄·알타이어족을 왜 우리는 그토록 잊고 살았을까. 선각자였던 신채호님의 예언 따라 우리는 '오늘 이후는 서구의 문화와 북구의 사상이 세계사의 중심이 된 바 아 조선은 그 문화사상의 노예가 되어 소멸하고 말 것인가…' 이와 같이 전락되고 말았지 않았는가 자문해 본다. 또한 신채호님이 말씀하였던 '북 대 진취의 사상이 시대를 따라 진퇴된 것이며'에서 보더라도 우리는 고구려 시대 이러한 북방 기상을 갖고 그 웅지의 뜻을 광개토왕과 장수왕 시대에 펼쳤으나 대륙의 중원 땅을 결코 완전히 차지하지 못했으며 고려시대에 와서도 겨우 한반도만이라도 지키기 위해서 윤관이나 서희 등의 활약도 우리는 이제는 까맣게 잊은 듯하고 조선에 들어와서도 김종서 등이 세종의 명을 받아 북쪽의 변방을 지키기는 하였으나 결국 고려나 조선은 원과 청의 굴욕적 지배를 받았던 것도 우리는 익히 알고 있을 것이다. 이 모두가 '북방에 대한 진취적 웅지'가 결정적으로 부족하였던 것이 아닌가 생각된다. 또한 북아적 진취의 사고를 가졌던 무인이나 문인들이 오히려 역사적으로 볼 때 환영을 받기는커녕 따돌림이나 수세에 몰려 어려움을 당했던 것으로 우리는 기억하고 있을 것이다. 그래서 결국 수천 년 역사 속에서 단 한 번도 북아를 단행해 보지 못했던 것이 아닌가 생각된다.

또한 신채호 선생님의 '我에서 분리한 흉노, 선비, 몽고며 아의 문화의 강보에서 자라온 일본이……'에서도 오늘날 우리는 신채호님의 대륙적인 기질을 알 수 있을 것이며 여기에다가 신채호님은 한반도가 대륙의 주체적 원근이라고 생각하였던 것처럼 보이며 또한 그 근원적 바탕에서 보면 흉노, 선비, 몽고 등의 북방 제어 등이 한국에서 비롯되었음을 주지하였던 것이다. 이와 같이 우리의 극히 일부 선각자들은 1C 전부터 이 방면에 이론적 생각은 하였던 것 같다. 단지 이러한 사실을 과학적이고도 치밀하며 문헌과 서구적 이론을 배경으로 구체화하지는 못했을망정 감각적 사고는 있었던 것 같다. 오히려 해방 이후에 위와 같은 단편적 지식이나마 이것을 객관적 집대성을 우리가 못했던 것이 부끄러운 뿐이다. 이러한 상황은 지금도 계속되고 있는 실정이다.

그리고 어느 면에서는 강보에서 자라온 일본이 일찍부터 오히려 이 북방 방면에 이론적인 배경과 현장적, 민속적 측면을 통하여 인류·역사·민속·언어적인 성과가 세계적 수준에 있음을 우리는 부인할 수 없는 상황에 현재 도달해 있다고 보겠다. 일본은 명치유신(明治維新)을 통하여 과거 우리의 강보에서 벗어났고 지금은 어쩌면 우리 스스로가 일본의 강보에 있지나 않나 자문자답을 해본다. 아니 확실히 북방학에 대한 학문은 아마도 필자의 견지로서는 그렇다라고 감히 말하고도 싶다. 아마도 이러한 심정은 일본에 대한 패배의식에서 오기보다는 오히려 자책감이나 오기에서 일부러 그런 생각을 해 본다는 것이다.

그리고 신채호님의 '흉노, 여진 등의 일차 아와 분리한 뒤에 다시 합하지 못한 의문이며'에서도 우리는 뼈아픈 고대 우리 민족사를 보는 것 같다. 왜 우리는 고대 동일계 어족이었을 것으로 보이는 흉노와 여진을 잃고 지금까지 살았을까 하는 의문점을 자아내게 한다. 우리는 이 시점에서 이러한 사실에 반성을 해야 할 것이다. 그것이 무엇이냐 하면 다음과 같은 것이로다.

첫째로는 유목적이며 기마적인 생활을 하였던 까마득한 상고대(上古代)에 있어서는 우리 한민족 자신들도 이러한 기질 속에서 흉노나 여진, 말갈 등의 제족과 동일한 지역에서 혼거(混居)하면서 동일한 생활환경을 조성하였을 것이다. 그러다가 Nicolas Poppe의 학설에서처럼 원시 한국어를 사용하였던 부족들은 오늘날 한반도에 제일 먼저 이주하여 정착하면서부터 자연스럽게 한반도에 맞는 농경문화로 생활이 바뀌게 되었다. 이러한 환경적 변화의 계기는 과거 흉노・여진・말갈 등의 제족과의 관계에서 소원해짐은 정한 이치일 수 있을 것이다. 문제는 바로 이러한 점에 우리는 유념해야 할 것이다.

말하자면 농경민족으로 변화되면서 어쩌면 북방의 생활은 잊어버리기 시작하였을 것이며 또한 이로 인하여 과거 동일한 제족이었던 흉노 등 제족과의 관계는 우리 스스로 끊고 살았을 것이다. 그리고는 오히려 우리가 그들을 북적이라고 하여 도둑처럼 여기면서 살았음을 우리는 용비어천가를 통해서 알 수 있었을 것이다. 왜냐하면 아마도 우리 한민족은 동일어계였던 북방계 제족보다는 문화적으로 최상의 漢族을 어느 의미에서는 선택하여 그들과 더불어 또는 영향을 받으면서 살고 싶었다고나 할까. 따라서 한문화(漢文化)의 영향을 받으면서 생존하자니 자연히 동일계라지만 그들과의 관계는 소원해질 수밖에 없었을 것이며 어쩔 수 없이 아마도 북적이라고 호칭한 듯하다. 말하자면 중국의 영향에서 온 듯하다. 이러한 시간이 수천 년 흐르는 동안에 우리는 우리 스스로 분리된 이후 다시는 결합할 수 없었던 것이다.

둘째로는 우리 韓族은 상고대에 있어서는 방목하면서 기마적 생활을 하였을 것이다. 그래서 아마도 이 당시에는 대륙적 기질이었던 性格 역시 반도 기질로 바뀌어 지게 되었으며 이로 인해 기마 방목적 생활권에 속하였던 과거의 북방족이었던 제족과는 상대적으로 거리감을 느끼게 되었으며 오히려 이제는 동일한 농경 문화권인 중국과 가깝게 지내고자 했던 마음이 설상가상으로 중국에 흠뻑 빠져 이제는 헤어날 수 없는 지경에 이르렀다는 말이며 이로 인하여 고대 동계였던 북방족과는 오랫동안 헤어져서 살 수밖에 없었던 것이 아닌가 한다.

셋째로는 문화 대국인 중국의 영향을 오랜 세월 동안 받다 보니 문화적으로 한족보다 훨씬 못한 동계인 북방족을 우리 스스로 그들을 천대시하고 멸시하지는 않았나 다시금 생각해 본다. 아마도 중국의 영향 그대로 본받아 북방족을 우리도 북적이라고 하였음을 보면 이러한 사실에 부인할 수는 없으리라 생각되는 것은 필자만의 우연한 생각은 아닐 것이다.

이러한 생각이 어떤 의미에 있어서는 오늘날 우리 한국 민족의 성격적인 측면에서 볼 때 사대정신을 키우지는 않았나 의구심을 갖게 한다. 그래서 역사적으로 보면 결과론적인 측면에서 볼 때 우리 민족은 예로부터 결국 당, 원, 명, 청을 섬기면서도 동계인 흉노, 여진 등은 적대시하고 살아 왔던 것을 보면 사대적 사고가 있었던 것 같다. 이러한 사고는 현대에 들어 와서도 강자에게는 무조건적 복종 내지 무조건적 그들의 문화에 대한 향수 등으로 나타나고 있으며 또한 약자에게는 멸시 천대를 하고 있음을 우리는 동족인 중국의 조선족에게 대하고 있는 예를 통해 알 수 있을 것이다. 그리고 월남, 라오스, 스리랑카, 미얀마, 인도네시아 등의 근로자에 대한 우리의 행동으로 보아도 짐작을 할 수 있을 것 같다. 물론 현재 우리가 하고 있는 기업에서의 차별화를 보면 당장 알 수 있을 것이다. 또한 지식인의 사회인 대학에서 조차도 문화 대국의 문화권을 중심으로 모든 학문의 초점이 맞춰지고 있으며 논문 역시도 강대국의 논문을 인용하거나 또는 그들의 이론과 그들의 결과를 통해서 우리의 원인을 규명하려고 그동안 많은 시간을 할애하지 않았던가 하는 점에서 우리는 문화사대 지식인이었던 것도 사실이다. 웬만하면 우리 스스로 우리의 문제점에 대한 원인을 규명하고 그것을 치료할 생각은 없고 외국의 이론을 통해서 우리의 문제점을 찾아 치료할 생각이 더 많았던 것을 어찌 부인만 할 수 있겠는가. 아마도 이러한 생각이 결국 신채호님의 지적한 바처럼 우리의 크나큰 고대사에 제사(諸事)를 잃었던 것으로 생각할 수 있겠다.

필자는 지금까지 스스로 한국학에 대한 여러 사실들을 나름으로 생각한 바를 솔직하게 서술하였다. 물론 필자 자신이 박학(博學)하지 못하고 깊은 학문을 못한 탓에 무게 있게 글을 펼치지는 못했지만 본서를 통해 충분히 의사 전달은 하였다고 본다.

결국 지금까지 논의의 초점은 한국에서의 '한국학'에 대한 과제와 전망을 말한 셈이었고 진정한 의미에 있어서 '한국학'이란 무엇이며 왜 이 '한국학'이 우리 민족에게 그토록 필요한 것인가 또한 앞으로 '한국학'의 범위는 결국 '우랄·알타이 지역과 제어'까지를 포함해야 한다는 사실에 주목한 셈이었다. 이러한 사실이 실행되면 보다 폭넓고 웅지(雄志)에 넘친 한민족으로 성장되지 않을까 생각한다.

아무리 세계화 시대에 살고 있다고 하더라도 이럴 때일수록 자기 민족에 보다 충실하여야만 보다 열정을 갖고 고대에서 현대까지 연구해야 만이 보다 나은 미래가 있을 것이다. 그래서 이제라도 '거시적 한국학', '광의의 한국학'을 되찾아 과거 영광스러웠던 고구려의 기상을 물려받고 백제의 찬란한 문화와 신라의 섬세한 기풍을 기반으로 하면서 흉노, 여진 등 상고대에 같이 동거동락했던 마음의 자세를 잃어서는 안 되겠다. 결국 필자는 '한국학에 대한 저자의 변'에서 이야기하고자 한 것의 가장 핵심적 소견이란 앞으로의 한민족(韓民族)은 필히 북방의 유목적 기마문화와 한반도의 농경문화를 결합하여 새로운 새 문화를 창출해야 할 것이다. 그러자면 더더욱 우랄·알타이 문화와 언어에 대한 깊은 지식이 있어야 하겠으며 이것과 더불어 한국 그래서 이것 등의 결국 '한국학'이라는 명칭으로 변화되어 새로운 미래를 창출해야 할 것이다.

무릇 학자의 사명이란, 없었던 사실을 발견하고 여러 사람에게 알려 유익하게 살 수 있도록 하는 마음의 자세가 있는가 하면 지금까지의 여러 사실과 이론들을 종합하여 어떤 결론을 도출해 내려는 마음가짐도 필요할 것이며 여러 곳에 산재해 있는 자료들을 찾고 수집하고 선택하여 문헌 자료를 집대성하는 것도 후학들에게 또는 후손들에게 매우 중요한 안내자의 역할을 하는 것이다.

그러나 위와 같은 여러 사실들이 학자에게는 무엇하고 바꿀 수 없는 귀중한 작업인 것만은 틀림이 없을 것이다. 그렇지만 필자가 본서에서 밝히거나 번역하거나 모으거나 토를 달아서 내놓는 '한국학과 우랄·알타이학'은 과거 상고대의 거대했던 한민족의 기상과 기개로 본서가 동기가 되어서 '거시적 한국학'이 이 땅에 뿌리 내렸으면 하는 바람이다.

세월은 흘러 한국의 역사도 수천 년이 흘렀다. 이제는 한 번쯤 과거 찬란했던 기상을 되찾을 때가 오지 않았는가 하는 생각은 비단 필자만의 바람은 아닐 것이다. 끝으로 이 장대하고 넓은 저서를 출간하는 데 흔쾌히 허락해 주신 도서출판 역락의 이대현 사장님과 여러 차례 연구실을 방문해서 본 저서가 출판되어 세상에 나오게 해주신 안현진 부장님에게도 감사드리고 본교 대학원 김희지 박사와 박찬식 박사에게도 필자의 자문에 응해준 것에 고마움을 표하며 이따금 필자의 자료정리에 도움을 준 본교 국어국문학과 김이주, 김정아에게도 고맙다는 인사를 한다. 또한 항상 논문과 저서를 출간할 때면 경원대학교 설립자였던 故 원계 김동석 총장님을 생각하게 된다. 그것은 평소 '우랄·알타이' 연구소를 필자에게 설립하게 해서 '거시적 한국학'을 1990년도부터 문을 열겠다는 약속이 생각나기 때문이다. 이 책을 통해 고인의 명복을 빈다. 또한 역락출판사의 무궁한 발전을 기원하며 이대현 사장님을 비롯 편집 선생님들의 노고에 감사드린다. 아마도 이렇게 'Ural-Altai와 한국학'을 연계해서 24권씩이나 한 번에 출판한다는 사실은 필자가 아는 바에 의하면 세계에서 처음 있는 일이라고 감히 말하고 싶다. 이런 점을 통해서 본다면 본 작업은 실로 방대하고 장대한 작업이 아닐 수 없는 것이다. 아마도 이러한 방대한 全集類冊이 出刊되어서 '거시적 한국학', '북방적 한국학'이 한국의 學界에 뿌리를 내리기를 筆者로서 바라는 바이고 여기에 동참해 주신 도서출판 역락의 앞날에 무궁한 발전이 있기를 기도해 보면서 '저자의 변'을 마치도록 하겠다.

2007년 12월 5일

어린이 함성이 들려오는 복정골 K동 405호에서 필자

一山 박상규 삼가 올려드림

저자 一山, 박상규(朴相圭)

一山, 박상규는 올해 회갑 나이이며 이리 남성중, 대구 능인고, 고려대·경희대 수학. 1987 "한국어의 복수 접미사 비교 연구"로 문학박사학위취득. 현재, 경원대학교 국어국문학과 교수. 전공은 '우랄·알타이 언어·민속학'으로 논문 100여 편, 역·편·저서 50여 권.
북경대학에서 '한·중 무속고' 100주년에서는 '대청황제 숭덕 비문의 언어학적 비교연구' 발표. 울란바토르 대학, 이스탄불 대학, 일본 동지사 대학, 동경 역사 민속박물관, 쓰쿠바 대학, 오키나와 대학 등 세계 많은 대학에서 논문 발표.
학회는 '세계샤만학회', '동Asia 고대학회', '국어국문학회', '제주학회', '한국민속학회', '한국무속학회', '한국민요학회', '한국몽골학회', '한국방언학회', '우랄·알타이 연구회', '국제비교한국학회', '한민족학회', '한국구비문학회'에서 이사, 회장, 감사, 총무이사, 평의원을 지냄.
중국 남경대학 특별 초빙교수 역임.
詩集으로 '마음의 풍경'(글누림, 2007. 11. 간행)이 있음.
호 一山은 故 양주동 교수님, 법명一道는 어느 女僧으로부터 받음.

한국학과 우랄·알타이학 6
관련자료·연구총서

蒙·漢·滿文 三合 (하)

인 쇄 2008년 12월 17일
발 행 2008년 12월 24일
저 자 박상규
발행인 이대현

발행처 도서출판 역락
등 록 1999년 4월 19일 제303-2002-0014호
주 소 서울 서초구 반포4동 577-25 문창빌딩 2층
전 화 02-3409-2058, 2060
팩 스 02-3409-2059

정 가 60,000원
ISBN 978-89-5556-642-0 93700